les clés de la maison écologique

Le catalogue des éditions **terre vivante** est disponible sur simple demande auprès de l'éditeur :
terre vivante, domaine de Raud, 38710 Mens. Tél. 04 76 34 80 80.
ou sur le site internet : www.terrevivante.org

OÏKOS

les clés de la maison écologique

terre vivante
L'ÉCOLOGIE PRATIQUE

Terre vivante vous fait partager vingt ans d'expériences de l'écologie pratique : jardinage biologique, alimentation et santé, habitat écologique, énergie.

À travers :

- l'édition de livres pratiques sur ces sujets ;
- la revue *Les Quatre Saisons du jardinage* ;
- un Centre de découverte de l'écologie pratique à visiter de mai à octobre, dans les Alpes, au pied du Vercors.

Pour plus d'informations :

terre vivante, domaine de Raud, 38710 Mens.
Tél. 04 76 34 80 80. Fax 04 76 34 84 02.
Email terrevivante@wanadoo.fr
Site : www.terrevivante.org

ISBN : 2-904082-94-8

Photos de couverture : Stevenson, Thiriet (Vloo)
Conception, réalisation : Béatrice Gauge

Créée en 1991, l'association **Oïkos, la Maison, Son environnement** souhaite, par ses actions, sensibiliser un large public à un habitat écologique.
Pour Oïkos, l'« habitat écologique » veut prendre en compte le respect de l'environnement, de la santé des individus, et les impacts économiques et sociaux globaux, générés par ce type d'habitat.
L'association tend à œuvrer concrètement par le partage et l'échange à l'élaboration d'un habitat vivant en travaillant au maximum en réseau avec tous les acteurs intéressés par ce sujet.
Les actions de Oïkos se traduisent par des participations à des salons, des visites de sites remarquables par leur démarche écologique, des conférences, des actions de sensibilisation vers le public scolaire et extrascolaire.
Oïkos est aussi un lieu de documentation et de conseils qui donne la possibilité de participer à des stages de construction sur des chantiers menés par des adhérents.

Sommaire

Pourquoi une **maison écologique ?**

Habiter écologique : de quoi s'agit-il ?

Une habitation – maison, appartement, mobile-home – agréable, où il fait bon vivre, tout le monde en rêve. Généralement, avec du goût, du temps, on arrive à construire et à aménager le « chez-soi » idéal.

Mais voilà ! Cela n'est pas satisfaisant pour tous. Certains veulent aller plus loin : un nid douillet c'est bien, mais une construction qui respecte l'environnement, c'est mieux. Si en plus, c'est une maison autonome en énergie, c'est presque parfait.

Comment concrétiser ce qui était utopie il y a seulement trente ans ? Ciment, ferraillage, isolants synthétiques, énergies fossiles, décharges sauvages, surconsommation d'eau et d'électricité... tout cela n'est pas une fatalité si l'on veut construire ou rénover. Il est possible d'utiliser des matériaux écologiques, une ou plusieurs énergies renouvelables, de maîtriser sa consommation d'eau, de trier ses déchets, de moins polluer son environnement.

Mais qu'entend-on au juste par « maison écologique » ? Les critères sont multiples et répondent à deux objectifs : la protection de l'environnement et la santé des professionnels de la construction et des occupants des logements. Plus concrètement, une maison est écologique dans la mesure où elle répond, en partie ou en totalité, aux critères suivants :

– Être en harmonie avec l'environnement dans lequel elle se trouve ;

– Utiliser des matériaux non polluants pour l'environnement à tous les stades de leur vie (fabrication, transport, mise en œuvre, démolition) ;

– Générer le moins possible de déchets lors du chantier ;

– Utiliser des matériaux n'émettant pas de substances toxiques ;

– Consommer le moins possible d'énergie ;

– Utiliser des énergies renouvelables ;

– Assurer aux occupants une atmosphère intérieure saine (bonne hygrométrie, absence de polluants) et un bon confort acoustique.

Le logement : un espace à notre image

L'habitat est un espace perçu par chacun de manière différente. Il est donc illusoire de penser qu'il puisse exister un logement universel, standardisé, qui convienne au plus grand nombre, même s'il est conçu avec les meilleures intentions.

L'échec des grands ensembles en apporte la preuve. Ce type d'habitat impersonnel, où les mêmes formes standardisées se retrouvent d'appartement en appartement, de cage d'escalier en cage d'escalier, est le contre-exemple d'un lieu de vie adapté. Il n'est alors pas étonnant de voir les habitants se détacher de ces lieux dans lesquels ils ne se retrouvent pas.

Pour se créer un véritable chez-soi, chacun organise, transforme, aménage son domicile afin de réaliser un décor strictement personnel dans lequel il se projette, s'appropriant ainsi mentalement l'espace.

Il est frappant de constater à quel point certains traits de caractère se retrouvent dans l'aménagement d'un logement. Ainsi, une personne se découvrant régulièrement de nouvelles passions ou ayant des centres d'intérêt changeants fera inconsciemment de son lieu de vie un espace facilement modulable. Une personne au style de vie plus stable cherchera au contraire la durabilité d'un aménagement ou d'un matériau. De la même façon, une personne pour qui lieu de travail et lieu de vie ne sont qu'un aménagera généralement son logis de façon à séparer radicalement ces deux fonctions. Si pour elle travail est synonyme de contrainte, son bureau sera installé dans une partie de la maison où se situent d'autres pièces associées à des contraintes – buanderie ou cuisine par exemple...

Organiser le logement à sa façon, c'est une façon d'affirmer sa personnalité, chose qui n'est pas toujours possible dans la vie professionnelle. La maison devient une cellule à l'abri de la vie sociale où l'individu peut exprimer librement ce qu'il est.

Confort et bien-être : à chacun son choix

Bien que le confort et le bien-être soient couramment associés aux possessions matérielles et à l'état de santé, on ne peut les limiter à ces seuls aspects : ils englobent beaucoup d'autres éléments plus subjectifs et propres à l'individu, à son histoire et à sa personnalité. En matière d'habitat, les notions de confort et de bien-être sont-elles mesurables ? Peut-on en donner des indicateurs ? Ont-elles la même signification pour tous ?

Deux études récentes apportent des éléments de réponse à ces questions.

La première [1] montre que la notion de confort thermique et les éléments qui lui sont associés dépassent de loin de simples paramètres physiques comme la température et le degré d'hygrométrie. Des facteurs tels que l'espace, la luminosité, le voisinage même, entrent en compte. Le confort thermique d'été apparaît fortement lié à la présence d'espaces extérieurs, un jardin par exemple. Pour le confort thermique d'hiver, la rapidité et la facilité de mise en œuvre du système de chauffage jouent un rôle essentiel. L'aspect symbolique du mode de chauffage est également un élément important du confort thermique. En cela, l'exemple de la cheminée est caractéristique. Dans le logement, celle-ci est associée à deux sortes d'images. La première est celle de la convivialité. La cheminée est ressentie comme l'élément favorisant la discussion et rapprochant ainsi la famille, avec en toile de fond l'image de la veillée au coin du feu rassemblant tous les habitants du logis. La seconde image, beaucoup plus pragmatique, est celle de la contrainte due à l'entretien et aux nuisances occasionnées par les poussières, par exemple. Il apparaît donc qu'un même élément peut susciter dans les mêmes conditions deux réactions totalement opposées.

La seconde étude [2] concerne 180 occupants de logements choisis dans diverses opérations d'habitat et porte sur la gestion de l'air

1. Réalisée en 1993 par Gérard Bourgeat, psychosociologue du Centre d'études techniques du ministère de l'Équipement (CETE méditerranéen), elle concerne le confort thermique et porte sur 23 villas label haute isolation H2E85 situées à Mimet, Bouches-du-Rhône.

2. Dirigée par Janine Rivoire, chargée d'études au CETE de Lyon.

dans l'habitat. Elle met en évidence une tendance naturelle à aérer son logement par ouverture des fenêtres aux dépens des systèmes VMC (ventilation mécanique contrôlée) dont tous les logements sont pourtant équipés.

Finalement, confort et bien-être sont deux notions qui apparaissent très subjectives. Telle personne se sentira bien dans une vieille demeure en pierre traversée par les courants d'air car l'ambiance dégagée par la bâtisse lui procure des émotions et des sensations qui font passer au second plan la gêne occasionnée par la mauvaise isolation. Telle autre trouvera cette même habitation lugubre et inconfortable. Pour certains, une maison tout confort, équipée de façon à minimiser les « corvées domestiques » sera invivable car dépersonnalisée...

Dans la recherche de cette notion complexe qu'est le bien-être, le couple habitant(s)/habitat est donc indissociablement lié. Le logement est avant tout une mosaïque, une combinaison de formes, de matériaux, de différents objets, à l'origine d'une ambiance particulière. Il représente également une histoire, des souvenirs qui font de lui un lieu chargé de subjectivité. Tous ces éléments parlent à nos sens. L'habitat adapté est finalement celui que son usager rendra propice à son propre épanouissement et à son bien-être.

L'habitat écologique se présente comme une alternative à la vision actuellement standardisée du bâtiment. Il offre à l'habitant un éventail de solutions qui ne se résument pas à un simple choix esthétique, mais qui couvrent tous les éléments du confort et du bien-être dans la maison au sens large du terme. Il propose des matériaux différents, des systèmes techniques différents pour finalement aboutir à la recherche d'un nouveau mode de perception et d'une affinité plus grande entre l'habitat et l'habitant.

Les matériaux et notre santé

Nous passons en moyenne 40 à 50 % de notre temps dans notre logement. Pour certains (personnes travaillant à domicile, retraités...) ce pourcentage est parfois beaucoup plus élevé. Aussi est-il fondamental que notre habitat, avec les matériaux qui le composent et les systèmes dont il est équipé, ne mette pas en danger notre santé. Or, de plus en plus de nouveaux matériaux apparaissent sur le marché. Si les fournisseurs et les distributeurs mettent facilement en avant leurs qualités techniques (potentiel isolant, facilité de mise en œuvre, faible coût...), ils omettent de préciser que les constituants de base de ces produits, souvent issus de la chimie de synthèse, n'ont pas fait l'objet d'études suffisamment sérieuses en matière de risque sanitaire. Les dangers encourus par les consommateurs sont, encore aujourd'hui, difficilement estimables. Des informations sont disponibles pour quelques produits : elles ne présagent rien de bon.

Des changements récents aux impacts non maîtrisés

Depuis toujours, la vocation du logement a été d'offrir un abri à l'homme contre les éléments et contre ses congénères mal intentionnés. Le XIXe siècle a vu l'amorce de profonds et nombreux changements. La préoccupation hygiéniste déboucha sur des opérations d'envergure, comme le développement des réseaux d'égout. Ce fut une des premières véritables prises de conscience de l'étroite relation liant l'habitat et la santé.

Toutefois, ces mesures, destinées à lutter contre l'apparition des maladies infectieuses, ne s'appliquaient pas au choix des matériaux dans l'habitat. D'une part, les connaissances scientifiques et le matériel ne permettaient pas d'évaluer le danger éventuel présenté par tel ou tel matériau ; d'autre part, la nature des matériaux utilisés à l'époque – bois, brique, pierre, terre crue ou cuite – ne posait pas de problèmes sanitaires.

Le XXe siècle – et ses deux guerres mondiales – contribua à modifier le logement traditionnel de façon importante. Du fait notamment des destructions, de la nécessité de remplacer des immeubles vétustes, et de faire face à la vague démographique de l'après-guerre, il fallut rebâtir vite. C'est l'origine de l'essor de l'habitat collectif dont les grands ensembles des ZUP (zones à urbaniser en priorité), construits à partir des années 1960, sont le symbole. Ces nouvelles techniques nécessitèrent de nouveaux matériaux que le progrès industriel permit de fournir en très grande quantité. Ainsi, le ciment, le métal, les revêtements synthétiques... remplacèrent rapidement les produits traditionnels et furent généralisés à tout type d'habitat. Les rapides avancées de la chimie débouchèrent sur la conception de matériaux aux capacités d'isolation, de solidité et de mise en œuvre exceptionnelles à un coût moindre. Des produits nouveaux firent leur apparition dans la maison comme les détergents et autres détachants. Les appareils électroménagers se généralisèrent, offrant plus de confort.

Il est indéniable que tous ces changements ont permis d'apporter des solutions au manque de logements et beaucoup de commodités à l'usager. Mais ces nouvelles techniques et l'essor des composés synthétiques ont également été à l'origine de graves problèmes pour la santé et l'environnement, bien au-delà des seules retombées des grandes catastrophes industrielles, comme celle de Bhopal, en Inde, en décembre 1984. Certains auraient pu être évités si les pouvoirs publics et les industriels avaient pris plus de précautions face à l'invasion de ces nouveaux matériaux et produits chimiques qui nous entourent aujourd'hui. La confiance aveugle dans le progrès scientifique a coûté cher à l'homme et à l'environnement en cette seconde moitié de XXe siècle.

La situation dans l'habitat semble particulièrement préoccupante. Peintures, isolants, produits de traitement du bois, colles, composés plastiques... ces nouveaux produits et matériaux sont partout. Certains de leurs composants se révèlent extrêmement dangereux à de fortes concentrations, parfois mortels. Qu'en est-il de leur toxicité chronique, jour après jour, à de faibles concentrations ? Les effets sont, à ce niveau-là, très mal connus. Doit-on attribuer telle ou telle pathologie à ce produit seul ou à un autre ? aux effets conjugués de plusieurs ? Comment interagissent ces matériaux entre eux ? avec l'environnement ?

De plus en plus de gens se plaignent de maux de tête, de fatigue, de nausées ou d'irritation des yeux et du nez dans les bureaux nouvellement agencés ou les voitures neuves, par exemple. Ces symptômes sont caractéristiques du mélange de composés organiques volatils que l'on retrouve dans l'air de ces espaces. Dans l'habitat ou les bureaux, on parle aujourd'hui du SBM : syndrome des bâtiments malsains.

Mais les nuisances sanitaires occasionnées par ces composés peuvent s'avérer beaucoup plus graves puisqu'un potentiel cancérogène ou mutagène est soupçonné ou reconnu chez beaucoup d'entre eux.

Pour appréhender ces questions de façon objective, sans tomber dans un discours alarmiste et irrationnel, il faut impérativement prendre en compte la notion de dose ou de concentration à partir de laquelle des effets apparaissent et distinguer deux échelles d'exposition : chronique et aiguë. Il faut également faire la distinction entre une toxicité expérimentale, testée en laboratoire, et une toxicité dans l'environnement qui prend en compte les effets cumulatifs des polluants, leurs interactions et la sensibilité personnelle de l'individu.

Réaliser une étude sérieuse sur les effets occasionnés par un composé sur la santé prend donc du temps – plusieurs années. Ces études ont rarement été faites et aujourd'hui encore on connaît très peu de chose sur les taux de polluants émis par les matériaux ou les produits chimiques domestiques, sur la durée des émissions, les conditions de variation... Lorsque ces données sont disponibles, ce sont souvent les effets de ces doses sur l'organisme à court ou à long terme qui sont méconnus.

Ainsi, il est à l'heure actuelle impossible d'évaluer correctement la dangerosité de la plupart des matériaux et produits présents dans l'habitat.

C'est pourquoi il est impossible de publier une liste exhaustive des polluants de l'habitat et de leurs effets sur la santé. Reste qu'il paraît utile de présenter un certain nombre d'entre eux avec leurs sources d'émissions, ainsi que des données relatives à leur toxicité aiguë ou chronique comprenant, pour information, des doses à partir desquelles des symptômes sont observés.

Même si les risques sont difficiles à cerner, le principe de précaution, trop souvent oublié par l'industrie des produits de synthèse, et l'existence d'alternatives sûres nous font prendre conscience de la possibilité de construire et d'aménager autrement notre habitat.

Quelques exemples de polluants dans l'habitat

Le radon

Bien qu'il ne fasse pas partie des « nouveaux polluants », il faut parler de cet élément dont l'impact sanitaire prend une ampleur croissante au fil des études et des découvertes.

Le radon est un élément radioactif naturel qui provient du sol, et s'en échappe sous forme de gaz incolore et inodore. Il diffuse un rayonnement de type alpha de faible pénétration mais d'énergie suffisante pour atteindre les couches superficielles des cellules. Ainsi, le danger essentiel ne provient pas d'un passage transcutané mais de l'inhalation des descendants du radon sous forme de gaz.

Le radon est répandu partout. Toutefois, sa concentration est plus importante dans des espaces partiellement clos ou renfermés comme une maison.

Les vingt-sept départements les plus exposés au radon

Allier, Hautes-Alpes, Ardèche, Aveyron, Calvados, Cantal, Corrèze, Côtes-d'Armor, Creuse, Doubs, Finistère, Indre, Loire, Haute-Loire, Lozère, Morbihan, Nièvre, Puy-de-Dôme, Rhône, Savoie, Haute-Saône, Deux-Sèvres, Haute-Vienne, Vosges, Territoire de Belfort, Corse du Sud, Haute-Corse.

Source : Étude IPSN, ministère de la Santé, *CSTB Magazine*, n° 123, mai-juin 1999.

Les concentrations en radon varient géographiquement. Les plus importantes se trouvent au niveau des sols granitiques, schisteux ou volcaniques, les plus faibles sur des sols de nature sédimentaire.

Elles varient également au sein même de l'habitat, les plus importantes étant

– dans les parties les plus proches du sol ;

– au niveau des sous-sols en terre battue ou partiellement excavés ;

– dans les pièces mal aérées ou mal ventilées.

On trouve également du radon dans certains matériaux de construction comme :

– la pierre lorsque celle-ci provient de certains granits ;

– le plâtre fabriqué à partir de phospho-gypse ;

– dans le béton de ciment suivant la provenance de ses composants.

Toutefois, c'est le dégagement naturel qui est à l'origine de l'essentiel du radon dans l'habitat.

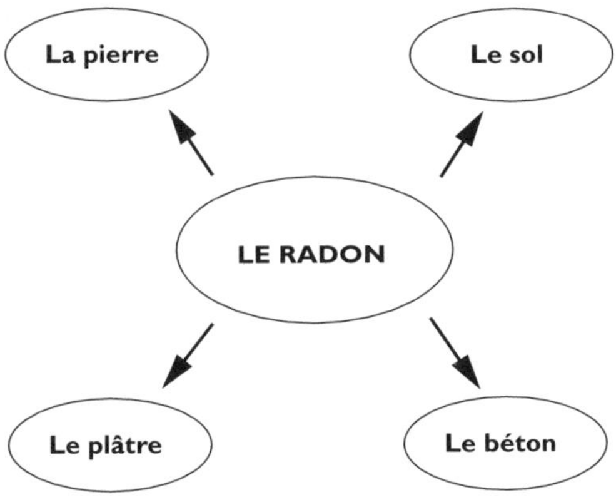

Les effets sur la santé

Le radon est classé cancérogène par le CIRC (Centre international de recherche sur le cancer). Il est considéré comme étant le deuxième facteur de risque dans l'apparition du cancer du poumon après le tabac. On estime qu'il serait responsable de 2 000 cas annuels en France.

Conseils et solutions

La mesure la plus efficace pour éviter des concentrations importantes de radon dans l'habitat serait de choisir un site naturellement peu exposé à cette pollution, mais cela est bien entendu rarement possible.

En revanche, d'autres dispositions sont simples à mettre en œuvre :

– Éviter de creuser des pièces dans la roche, y compris les caves ;

– Obturer les fissures présentes à l'interface sol/bâtiment ;

– Assurer une bonne étanchéité au niveau des points de pénétration des réseaux (sanitaires, électriques...) ;

– Installer une ventilation naturelle adaptée dans toutes les pièces (voir p. 130) ;

– Choisir des matériaux permettant les échanges gazeux entre l'intérieur et l'extérieur, comme la brique de terre cuite ou le pisé, qui de plus possèdent des propriétés thermiques intéressantes ;

– Pour les pièces en contact avec le sol, la construction d'une dalle en béton est, à l'heure actuelle, la protection la plus efficace ;

– Enfin, il faut savoir que des organismes, notamment la CRIIRAD [3], proposent aux particuliers des diagnostics comprenant une mesure des teneurs en radon dans l'habitat, la détermination des principales voies de pénétration de celui-ci, ainsi que des propositions pour réduire les émanations.

Quand intervenir ?

Une circulaire du 27 janvier 1999 conseille de prendre des mesures de réduction de la concentration en radon à partir d'un seuil de 400 becquerels par mètre cube (Bq/m^3). Au-delà de 1 000 Bq/m^3, des actions correctrices doivent être impérativement conduites à bref délai.

Toutefois, il serait souhaitable d'intervenir en deçà de ces seuils. En effet, selon la Commission internationale de protection radiologique, sur 5 000 personnes soumises à une dose de 200 Bq/m^3 pendant 80 % du temps, une d'entre elles développerait un cancer du poumon. Par ailleurs, selon l'Institut de protection et de sûreté

3 CRIIRAD (Commission de recherche et d'information indépendantes sur la radioactivité), 471, av. Victor-Hugo, 26000 Valence. Tél. 04 75 41 82 50. Fax 04 75 81 26 48. Site web : www.criirad.com

nucléaire (IPSN), 1 250 000 habitations individuelles et 400 000 habitations collectives auraient, en France, des concentrations en radon supérieures à 1 000 Bq/m³.

Les produits de traitement du bois

Le lindane

Le lindane était utilisé pour le traitement insecticide des bois et fait partie de la classe des pesticides organochlorés. Sa mise sur le marché et son utilisation ont été interdites en France (décret du 2 octobre 1992).

Il est extrêmement toxique, notamment pour le système nerveux, mais également pour la peau et pour la muqueuse oculaire, pouvant provoquer, selon la dose, dermites et conjonctivite. De plus, il possède un caractère fœtotoxique, bien que faible, et est classé cancérogène possible pour l'homme. On ne trouve plus ce produit dans l'habitat hormis dans les bois traités avant 1992, qui ne présenteraient, aujourd'hui, plus de danger pour la santé des habitants.

Le pentachlorophénol

Le pentachlorophénol (PCP) est un fongicide utilisé dans le traitement des bois, interdit dans les années 1980 dans certains pays (Danemark, Suède, Indonésie, notamment).

En France, le décret du 27 juillet 1994 interdit la mise sur le marché de substances destinées à des particuliers contenant plus de 0,1 % de PCP. Toutefois, les professionnels et les industriels peuvent continuer à utiliser des produits plus concentrés.

On trouve des PCP au niveau de certaines charpentes et ossatures bois. Ils sont normalement isolés de l'extérieur par une couche de vernis. Les documents commerciaux du bois traité doivent porter la mention : « Bois traité au pentachlorophénol ou ses composés ». En outre, la législation interdit l'utilisation de bois traité au PCP pour la fabrication de meubles destinés à l'intérieur des immeubles.

Mais ces précautions sont récentes et, dans certains cas, l'utilisation de PCP s'est faite en intérieur et sans vernis de protection.

Le pentachlorophénol est incontestablement un produit dangereux dont la toxicité n'est plus à prouver. Celle-ci provient du composé en lui-même mais aussi du fait que ce produit rarement pur peut contenir beaucoup de composés de type dioxines et furanes, également très toxiques.

Les effets sur la santé

Le PCP dans l'habitat expose à un risque d'intoxication chronique lié aux émissions des surfaces traitées, car il diffuse dans l'air facilement si son application est récente ou si la surface traitée est exposée à la chaleur. Des symptômes peuvent apparaître à partir d'un taux de 1 mg/m^3 d'air. On constate alors une irritation des voies aériennes supérieures pouvant être accompagnée de toux. L'apparition de ce type de pathologie dépendra, bien sûr, de la quantité de PCP émise dans l'air et du renouvellement de celui-ci, donc de la ventilation. Il peut aussi pénétrer dans l'organisme par voie cutanée, par contact direct avec une surface fraîchement traitée.

Afin de faire prendre conscience de la nocivité d'un tel produit, il nous semble intéressant de présenter les effets d'une intoxication aiguë, qui pourrait survenir au niveau industriel :

– Atteinte du système nerveux central provoquant céphalées et vertiges ;

– Accélération du métabolisme provoquant fièvre, sudation, accélération du rythme cardiaque ;

– Irritation de la peau et des muqueuses ;

– Troubles gastro-intestinaux : nausées, vomissements.

Enfin, ce produit est classé cancérogène possible pour l'homme par le CIRC.

Les sels CCA (chlorure, chrome, arsenic)

Ces produits contiennent de l'arsenic. Ils sont utilisés en extérieur et présentent eux aussi un risque sanitaire important puisqu'ils peuvent être entraînés dans l'eau de pluie par lessivage et ainsi se trouver à forte concentration dans les eaux souterraines (nappes phréatiques, puits) et dans les eaux de surface (lacs, étangs, rivières...). Le danger peut s'avérer extrêmement grave si l'arsenic, par exemple, s'accumule dans un puits ou un forage utilisé comme source d'eau de consommation.

Les effets sur la santé

Très toxique à court terme, même à de faibles concentrations, l'arsenic l'est aussi à long terme pour des doses faibles. En effet, il est classé cancérogène par le CIRC.

Les pyréthrinoïdes de synthèse

Les pyréthrinoïdes représentent 30 % du marché mondial des insecticides. Ils sont très utilisés dans de nombreux domaines dont le traitement des bois, mais aussi, en très faible quantité, dans les insecticides ménagers en aérosol. Il s'agit généralement de composés chlorés. Les plus répandus sont la perméthrine et la cyperméthrine qui ont un effet irritant, ainsi que la bifenthrine qui n'a pas cet inconvénient.

Les effets sur la santé

Les pyréthrinoïdes sont généralement irritants pour les tissus avec lesquels ils rentrent en contact : peau, œil, voies respiratoires, et de toxicité variable selon le composé et le mode de pénétration dans l'organisme : nausées et vomissements en cas d'ingestion, toux en cas d'inhalation. Ces symptômes sont de courte durée et ne laissent apparemment pas de séquelles. Ces produits ne sont pas considérés comme cancérogènes ni mutagènes et sont classés comme modérément dangereux par l'Organisation mondiale de la santé.

Ils offrent l'avantage d'être très stables, d'avoir une persistance élevée dans le bois et faible dans l'environnement car peu volatils, et d'être très efficaces contre les insectes, même à faible dose.

Ils se trouvent parfois combinés à des solvants dangereux ou en phase aqueuse, associés eux-mêmes parfois à des éthers de glycol dont la toxicité est variable suivant le type de composés.

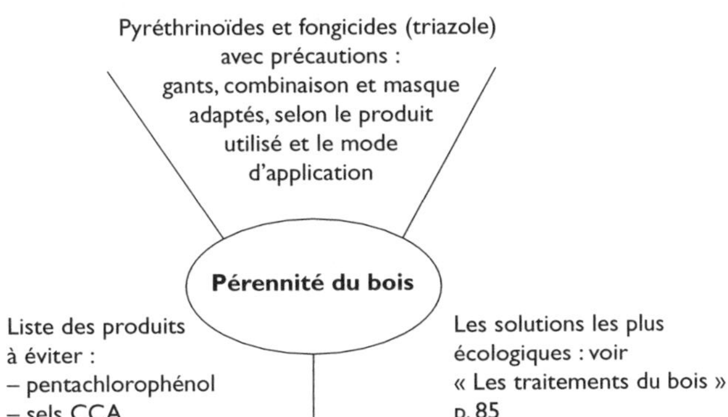

Si l'emploi de ces produits doit être évité autant que possible, ils peuvent être utilisés, en observant les règles élémentaires de prudence, pour un traitement curatif, faute d'autres moyens plus sains et efficaces.

Conseil et solutions

Voir p. 85 « Les traitements du bois ».

Les composés omniprésents dans l'habitat

Le formaldéhyde

Le formaldéhyde est un composé utilisé par l'industrie chimique pour la fabrication de produits synthétiques. Il est soluble dans l'eau et dans certains solvants organiques. On trouve ce produit dans de multiples éléments de l'habitat, comme le résume le schéma suivant. Certains de ces produits ne sont pas entièrement stables à l'eau et dégagent du formaldéhyde s'ils sont exposés à la chaleur.

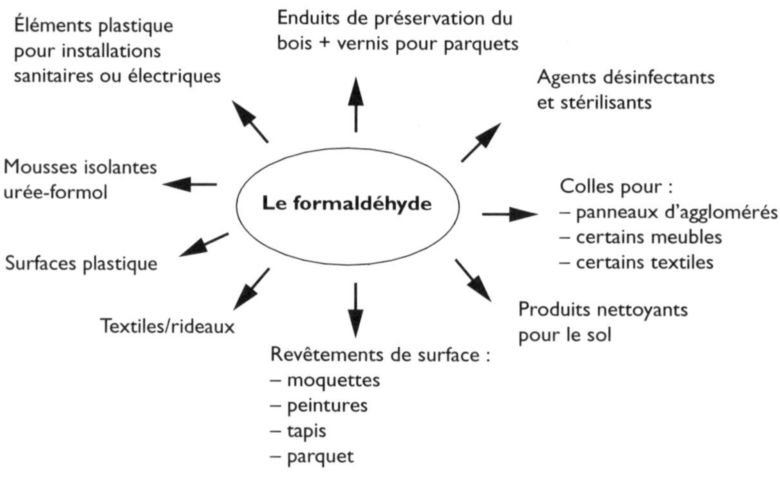

Les effets sur la santé

La toxicité du formaldéhyde a été étudiée de façon expérimentale sur des animaux. Les effets d'une intoxication aiguë sur le rat, le chien et même le singe sont multiples :

– Irritation des voies respiratoires et formation d'œdèmes pulmonaires hémorragiques ;

– Lésions de l'épithélium nasal ;
– Irritation des muqueuses oculaires ;
– Tachycardie et vasoconstriction ;
– Lésions hépatiques et rénales ;
– Bradycardie et vasodilatation.

Chez l'homme, des concentrations comprises entre 0,1 et 1 mg/m^3 provoquent une irritation au niveau de l'œil et des concentrations atteignant 1 à 2 mg/m^3 sont responsables d'une irritation des voies aériennes accompagnée de toux. Le formaldéhyde est également soupçonné d'augmenter l'incidence des maladies respiratoires chroniques.

Le formaldéhyde n'a, semble-t-il, pas de pouvoir mutagène pour l'homme. Soupçonné de contribuer à la survenue de cancers des voies aériennes, il est classé cancérogène probable par le CIRC.

Il n'est pas possible de donner de valeur type à ne pas dépasser concernant la diffusion de formaldéhyde dans l'habitat. Toutefois, le principe de précaution incite à proscrire, autant que faire se peut, les produits et matériaux qui en contiennent.

Conseils et solutions

Il faut en premier lieu s'informer sur la composition chimique des produits susceptibles de contenir du formaldéhyde pour limiter leur présence dans l'habitat. Il existe en effet de nombreux produits de substitution, dont des produits certifiés NF Environnement par l'Agence française de normalisation (AFNOR). Leurs impacts sur l'environnement et sur la santé sont moindres et leur aptitude à l'usage est au moins équivalente à celle des produits standard. Cet écolabel officiel est associé à un logo qui atteste de la conformité d'un produit à des critères préétablis.

Pour l'isolation, la mousse urée-formol peut être remplacée par d'autres matériaux plus écologiques, par exemple la fibre de chanvre, de coco ou de lin.

Pour les peintures (voir p. 89), il est nécessaire d'utiliser des produits écologiques ou marqués NF Environnement.

Pour les parquets, il existe des vernis, des cires, des huiles dures... composés de matières premières écologiques ou marqués NF Environnement.

Les enduits de préservation du bois ne sont pas toujours nécessaires. Les surfaces plastique sont à éviter, tout comme les moquettes et les textiles réservoirs de poussières, de champignons, d'allergènes et d'électricité statique.

En ce qui concerne les panneaux d'aggloméré, il en existe aujourd'hui à faible teneur en formaldéhyde (norme E1 : moins de 9 mg/100 g). On peut aussi traiter les panneaux pour diminuer l'émission de formaldéhyde sans la stopper totalement. Mais, en cas d'incendie, le risque de dégagement de phénol est à redouter.

En ce qui concerne les colles pour revêtements de sol, certaines sont marquées NF Environnement mais elles sont destinées uniquement aux sols en textile, aux dalles plastique et aux revêtements plastique en lés. Les colles les moins dangereuses, *a priori*, sont de type phase aqueuse, sans éthers de glycol, sans agents de préservation contenant du formaldéhyde ou des pentachlorophénols.

Enfin, le choix d'un produit de nettoyage doit se faire après une lecture attentive de sa composition pour éviter d'introduire dans l'habitat des polluants comme le formaldéhyde.

Les résines époxy

Les résines époxy sont destinées à rendre plus dures les surfaces soumises à l'usure.

Elles sont constituées d'un ou plusieurs monomères associés, donc polymérisés, comme l'épichlorydrine, et d'un durcisseur de type amine ou cyanate.

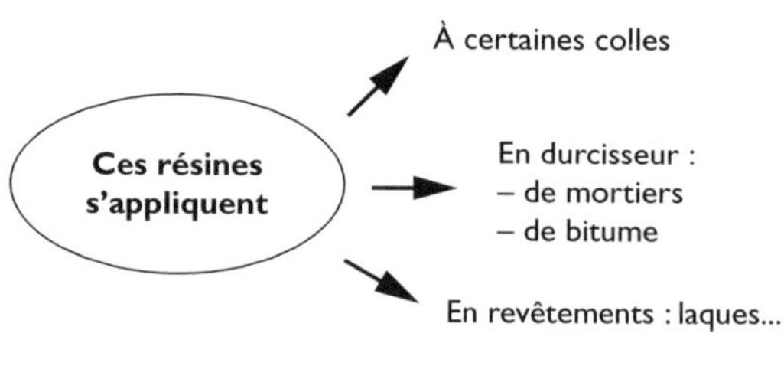

Les effets sur la santé

Ces résines sont très allergisantes et peuvent provoquer par contact des dermites de type eczéma. L'iso- ou di-isocyanate, relativement volatil, est classiquement à l'origine de ce qu'on appelle l'asthme des professionnels et d'irritations des voies respiratoires.

L'application d'une laque par un particulier s'avère donc dangereuse, même si les concentrations en résines sont limitées. De plus, le dégagement gazeux pourrait se poursuivre longtemps après l'application. Enfin l'épichlorydrine est classée cancérogène probable par le CIRC.

Conseils et solutions

De manière générale, l'utilisation des produits contenant ces résines est à proscrire dans l'habitat.

Le styrène

Très présent dans l'habitat, le styrène est utilisé sous forme de monomère ou sous forme polymérisée.

Le styrène sous forme de solvant est dangereux, principalement parce qu'il peut s'évaporer. Ainsi, le risque majeur survient, comme souvent, lors de l'application du produit quand la quantité de styrène qui diffuse dans l'air est la plus importante. Par ailleurs, la diffusion peut continuer de façon décroissante après l'application pendant quelques semaines.

Les plaques de polystyrène, quant à elles, sont dangereuses en cas d'incendie car elles dégagent des fumées toxiques.

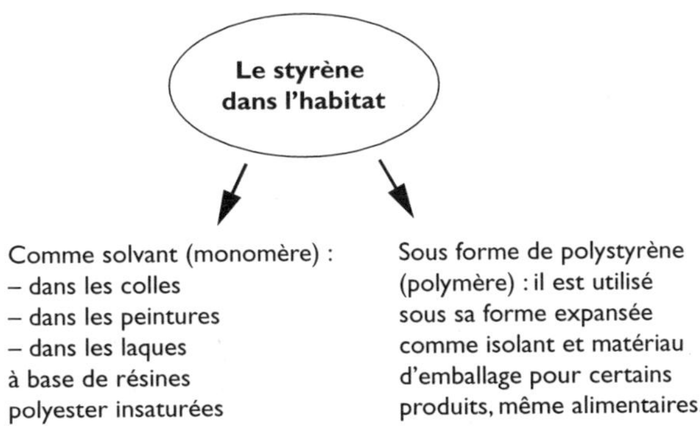

Les effets sur la santé

Le styrène inhalé de façon chronique provoque, même à faible dose, des nausées, des céphalées associées à une fatigue générale et parfois des phénomènes d'irritation cutanéo-muqueuse. Il s'attaque au système nerveux et peut avoir une action synergique avec d'autres solvants ou certains alcools. Ce composé est classé comme cancérogène possible par le CIRC.

Conseils et solutions

Utiliser des peintures écologiques ou marquées NF Environnement (voir « Les peintures », p. 89). Utiliser des colles en phase aqueuse sans éthers de glycol ou marquées NF Environnement et des isolants écologiques (voir « L'isolation thermique », p. 59 et « L'isolation acoustique », p. 73).

Éviter de conserver des emballages en polystyrène hors des cartons d'emballage et de les accumuler dans la maison.

Le chlorure de vinyle

Le chlorure de vinyle se trouve également soit sous forme de monomère, soit sous forme de polymère ; dans ce dernier cas, il s'agit du chlorure de polyvinyle (PVC), extrêmement répandu dans l'habitat. Sous forme de monomère, il entre dans la composition de certaines colles, peintures et laques.

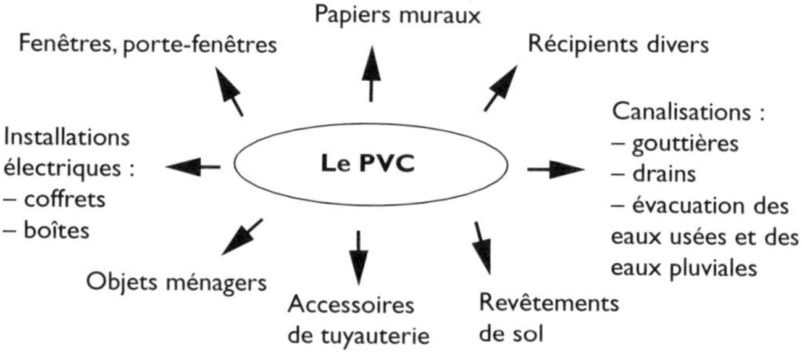

Les effets sur la santé

Le chlorure de vinyle présenterait une toxicité pour le système nerveux. Il est classé produit cancérogène (catégorie 1) par le CIRC. Le PVC peut contenir des molécules de chlorure de vinyle, non liées, qui peuvent diffuser dans l'air et dont les effets sur la santé restent mal connus.

Les revêtements de sols et muraux en PVC contiennent des plastifiants et peuvent émettre de nombreux composés organiques volatils dont on sait qu'ils sont généralement dangereux pour la santé (toluène, éthylbenzène, cyclohexanol...).

En cas d'incendie, le PVC dégage une fumée âcre de chlorure d'hydrogène qui se combine avec la vapeur d'eau pour donner de l'acide chlorhydrique, responsable de graves brûlures. Il peut également libérer des dioxines et des furanes.

Enfin le PVC, matériau électriquement isolant, est le siège de potentiels électrostatiques élevés dont les effets sur la santé sont mal connus et qui attirent les poussières en suspension dans l'air.

Conseils et solutions

De manière générale, l'utilisation de matériaux en PVC est à proscrire dans l'habitat au profit de matériaux plus sains : bois pour la menuiserie, parquets bois, liège ou linoléum, carrelage en terre cuite... (voir « Les revêtements de sol », p. 84), enduits terre, chaux... (voir « Les revêtements muraux », p. 98)

Les solvants

Ils sont partout dans l'habitat, car présents dans de nombreuses compositions. Ce sont des produits qui servent de « bain » à différents composés. Ils permettent de répartir uniformément un produit sur une surface et de le fixer par évaporation. On les trouve dans les peintures, laques et colles vendues dans le commerce et également dans les diluants. Les exemples sont nombreux : white-spirit, tétrachloroéthylène et plus généralement les diluants universels, détergents, gommes-laques, cires, nettoyants pour pinceaux...

De façon chronique, ils sont généralement responsables, selon leur concentration, de troubles du système nerveux et de problèmes respiratoires.

Il est à noter que, même si les concentrations de chacun des produits sont faibles, la concentration finale de ces composés dans l'air peut être importante du fait des sources multiples dans l'habitat.

Le toluène

C'est un exemple de solvant aromatique très volatil produit industriellement à partir de pétrole. Il entre dans la composition de divers produits utilisés dans l'habitat.

Les effets sur la santé

De façon chronique ou suite à une exposition passagère à une forte concentration de vapeurs (dans une pièce renfermée, en présence de pots de vernis ou de bidons de white-spirit ouverts par exemple), il peut être à l'origine de troubles du système nerveux central : troubles de la mémoire, difficulté de concentration, fatigue, maux de tête, insomnies... et d'irritation des muqueuses au niveau des voies aériennes supérieures.

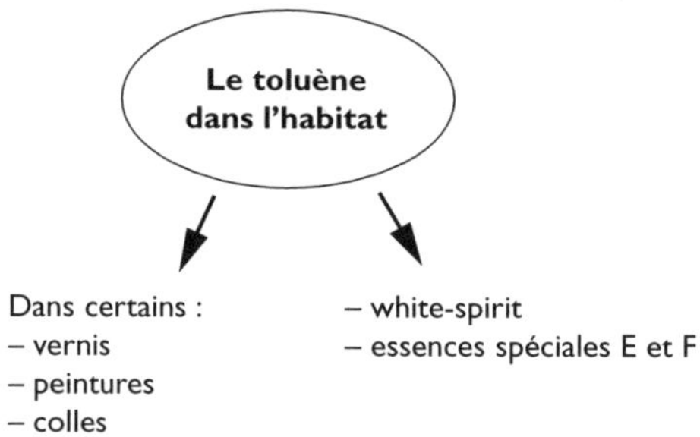

Conseils et solutions

Évitez d'utiliser des diluants chimiques et nettoyants « à tout va » dans l'habitat. Pour les peintures, il est préférable d'utiliser des peintures écologiques, les moins susceptibles de créer des problèmes de santé. Elles contiennent des solvants naturels sans danger de type essence de térébenthine et terpènes d'agrumes issus de la distillation de peau d'orange ou de citron. Les peintures et vernis NF Environnement sont un choix possible.

Les éthers de glycol

Ils sont présents dans certains produits dits « à l'eau ».

Les effets sur la santé

Leur toxicité est variable : importante pour des produits comme le méthylglycol, l'éthylglycol et leur acétate respectif ; plus faible pour le butylglucol et *a priori* nulle pour les dérivés du propylène

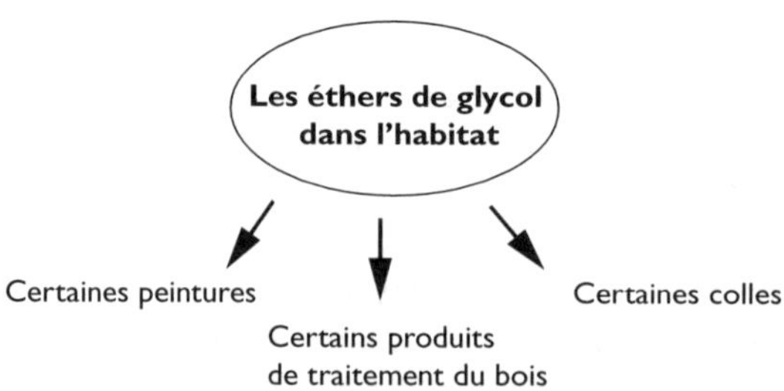

glycol. Les premiers peuvent provoquer une diminution des globules blancs et des globules rouges et auraient un effet embryotoxique. Le second ne provoquerait qu'une diminution du taux d'hématocrite (taux de globules rouges).

Conseils et solutions

Utiliser des peintures écologiques ou NF Environnement (voir « Les peintures », p. 89). Utiliser des colles NF Environnement ou en phase aqueuse sans éthers de glycol. Pour les traitements du bois, se référer p. 85.

L'AMIANTE

Comment parler des effets des matériaux sur la santé sans parler de l'amiante ? Ce cas illustre si bien les erreurs commises par nos sociétés industrielles depuis plus d'un siècle ! Produire plus, moins cher et nouveau : ce schéma de pensée est à l'origine de bien des problèmes environnementaux actuels, et de nombreux problèmes de santé dus à des produits lancés trop vite sur le marché et dont on découvre trop tard le caractère nocif !

L'amiante n'a pas échappé à ce qui est devenu trop souvent une règle. Elle a servi à l'élaboration de milliers de produits du fait de ses propriétés exceptionnelles en termes d'isolation acoustique, thermique et électrique, de sa résistance mécanique, de sa capacité de résistance aux incendies et au vieillissement, et de son faible coût. Voici quelques endroits, parfois insolites, où il est possible de la rencontrer dans l'habitat.

L'amiante dans l'habitat

Appareils électriques :
- fers à repasser
- grille-pain
- cuisinières
- fours
- chauffe-eau
- matériel frigorifique
- convecteurs électriques

Divers :
- colles (par ex. à carrelage)
- enduits de lissage, gaines électriques, filtres à air, mastic, garnitures de frein (ex. : ascenseurs)

Matériaux :
- plaques (plafond)
- panneaux de toiture
- appuis de fenêtre
- panneaux de cloison
- gaines de ventilation
- conduits de cheminée
- canalisations
- tuiles, bardeaux, dalles

Les risques d'exposition

Qui est exposé, à quel niveau, quel sont les risques ? Il est difficile de donner une réponse générale, tant l'utilisation de l'amiante a été importante. On peut toutefois apporter un certain nombre d'indications.

Les personnes les plus touchées ont été, comme souvent, les ouvriers de l'industrie qui ont été exposés en France bien après que l'on eut pris conscience de la dangerosité de ce composé. En effet, alors que l'on connaît la nocivité de l'amiante depuis les années 1940, les premières mesures de protection ne datent que de 1977, et l'interdiction de 1997. Les ouvriers de la construction et les artisans du bâtiment ont eux aussi été très exposés, tout comme les agents de maintenance des bâtiments.

En ce qui concerne les usagers des bâtiments, les pouvoirs publics et les industriels estiment que le risque sanitaire est faible. Comment croire une telle affirmation alors que le caractère toxique de l'amiante, même à de faibles doses, est aujourd'hui indéniable et que les maladies dites « de l'amiante » peuvent apparaître plusieurs dizaines d'années après l'exposition ? Le fait que l'on puisse trouver de l'amiante des sous-sols aux greniers, sur les murs et cloisons en passant par les canalisations d'eau, les appareils de chauffage et les systèmes de ventilation conforte les inquiétudes.

Dans l'habitat, les possibilités d'être en contact avec des fibres d'amiante ne manquent pas : mouvements d'air dans les gaines de ventilation, frottement de l'eau dans les canalisations, frottements, perçages, ponçage au niveau des murs, changement du carrelage... Le danger peut être important dans certains cas. Pour le comprendre, il faut savoir que le risque lié à l'amiante vient de l'inhalation de fibres (2 000 fois plus fines qu'un cheveu et qui peuvent se diviser) qui migrent vers la plèvre et le poumon. Ce sont donc les matériaux friables et susceptibles d'êtres entraînés par l'air ou l'eau qui sont porteurs du plus gros risque ; à ce titre, il convient de se méfier particulièrement des surfaces floquées puisque, avec le temps, le flocage se dégrade et des fibres se libèrent.

Ces flocages sont interdits depuis 1978. Néanmoins, il en existe dans de nombreux bâtiments antérieurs, et en particulier dans les immeubles. Ils sont rarement visibles, masqués par des panneaux ou des plafonds, parfois recouverts d'enduit, de plâtre ou de peinture.

Les effets sur la santé

Il n'est pas possible d'avancer un chiffre global quant au risque sanitaire lié à l'amiante dans l'habitat tant il est difficile d'attribuer la survenue d'un cancer bronchique, par exemple, à ce seul produit. En outre, cette difficulté est décuplée par le temps de latence entre l'exposition et l'apparition des symptômes.

Toutefois, certains chiffres peuvent être avancés concernant les mésothéliomes, qui sont des tumeurs de la plèvre et du péritoine dont la seule cause connue est l'exposition à l'amiante. Avant l'exploitation de l'amiante, chaque année en France, 1 à 2 nouveaux cas par million d'individus étaient recensés. Ce nombre de nouveaux cas diagnostiqués chaque année augmente constamment. On se rapproche aujourd'hui de 10 nouveaux cas par million d'individus et par an chez les hommes et 2,5 chez les femmes, soit environ 500 nouveaux cas par an en France.

Ce phénomène va perdurer et pourrait bien s'amplifier puisque le délai d'apparition d'un cas de mésothéliome après une exposition varie généralement de 15 à 40 ans, et que de nombreux bâtiments abritent encore de l'amiante.

En plus des cas de mésothéliomes, l'amiante peut provoquer une augmentation de l'incidence des cancers bronchiques et, pour d'importantes expositions, une diminution de la capacité respiratoire permanente et des douleurs thoraciques.

Les effets occasionnés sur l'organisme dépendent à la fois de la quantité respirée mais aussi du type de fibre, qui détermine entre autres les possibilités d'élimination par le corps.

Conseils et solutions

Pour des opérations de déflocage ou de décalorifugeage, seules des entreprises certifiées par le Cofrac (Comité français d'accréditation) ou par le Comité européen d'accréditation peuvent intervenir. Il n'en existe que deux à ce jour : Qualibat et Afaq-acert (voir adresses p. 156).

Les produits « durs » contenant de l'amiante type amiante-ciment ne sont pas dangereux en l'état. Toutefois, ils le deviennent en cas de perçage, ponçage, brossage, découpe... car ils dégagent alors des fibres volatiles. Il faut donc éviter de toucher à ces matériaux et faire appel à des professionnels qui eux seront équipés pour réaliser ces travaux en toute sécurité.

Beaucoup des nouveaux matériaux et produits utilisés dans la construction depuis quelques décennies sont aujourd'hui mis en cause. Suite aux conclusions de différentes études épidémiologiques, les législateurs ont décidé d'en interdire certains et d'en réglementer d'autres. Malheureusement, ces mesures destinées à protéger le consommateur sont une fois de plus prises après coup et ne concernent que les matériaux et produits ayant été clairement identifiés comme dangereux. En ce qui concerne ceux dont la dangerosité n'est pas clairement établie mais dont l'innocuité est mise en doute, ils continuent de nous environner quotidiennement. Les fabricants diront qu'ils ne contiennent pas de composés dangereux ou à de trop faibles concentrations pour être nocifs, mais sur quoi s'appuient-ils pour affirmer que tel solvant ou telle fibre isolante synthétique ne provoqueront pas un cancer à celui qui les a côtoyés pendant cinq, dix ou vingt ans même à de faibles doses ?

L'habitat écologique se veut être respectueux de l'environnement, mais aussi de la santé des occupants. En privilégiant l'utilisation de matériaux naturels et traditionnels connus de longue date, l'écoconstructeur coupe court aux risques de « mauvaise surprise » que les nouvelles molécules inventées par la chimie font peser sur nous aujourd'hui. Cette vision de l'habitat écologique, loin d'être rétrograde, ne renie pas l'avenir au profit du temps passé. Simplement, il paraît plus sage de faire confiance à des produits et matériaux qui ont prouvé depuis longtemps leur innocuité plutôt qu'à de nouvelles molécules aux propriétés certes intéressantes, mais dont les effets à long terme sur notre santé n'ont pas été suffisamment testés.

La construction, grande pourvoyeuse de déchets

Les impacts d'un matériau sur l'environnement s'exercent à tous les stades de sa vie : lors de sa fabrication, de son conditionnement et de son transport, puis de sa mise en œuvre, durant son utilisation, enfin pendant la démolition ou la déconstruction jusqu'aux dernières étapes de son existence, où il acquiert le statut de déchet. Et l'on oublie trop souvent que la meilleure façon de gérer les déchets est d'en produire le moins possible.

Le devenir d'un produit de construction devenu déchet est également un élément à prendre en compte. Sa persistance dans l'environnement, les possibilités de valorisation en général et de recyclage en particulier sont autant de données qui doivent guider nos choix. Il est également essentiel qu'il soit valorisable « au mieux », c'est-à-dire au moindre coût énergétique, et en produisant un minimum de nuisances.

Le secteur du bâtiment, aujourd'hui, génère 24 millions de tonnes de déchets chaque année, soit davantage que les ménages. De plus, ces déchets nécessitent une prise en charge spécifique.

Des déchets nombreux et au potentiel polluant variable

On distingue trois types de déchets du bâtiment : les déchets dits « inertes », les déchets banals et les déchets spéciaux.

Les déchets dits « inertes »

Ce sont des matériaux solides. Par exemple, le béton, les parpaings, la pierre, la brique, le verre non traité... Ces déchets peuvent être utilisés pour combler des excavations (anciennes carrières...). Ils peuvent également être broyés et criblés pour fabriquer des granulats utilisables par le bâtiment ou les travaux publics pour des travaux routiers et des terrassements. Malheureusement, ils sont la plupart du temps envoyés en décharge.

Les déchets banals

Il s'agit de produits de type béton cellulaire, placoplâtre, ferrailles, plastiques, bois non traités avec des produits toxiques, verres spéciaux, laine de verre... Les ferrailles peuvent bénéficier de filières de recyclage bien organisées. Quelques types de plastiques sont déjà, en partie, recyclés. Toutefois, cela nécessite un tri, *a priori* (pendant le chantier) et souvent *a posteriori* (dans un centre de tri), dont le coût important représente un frein au développement de ce type de pratiques. Aussi ces déchets se retrouvent généralement en décharge ou sont incinérés dans des cimenteries. Les fumées, malgré les contraintes législatives, restent polluantes.

Les déchets spéciaux

Peintures, vernis, solvants, bois traités avec des produits toxiques, certains métaux, amiante en sont des exemples. Ce sont des déchets très polluants, contenant des produits toxiques dangereux pour la santé et l'environnement. Ils sont stockés en décharge après traitement ou directement, ce qui n'est pas toujours une garantie d'innocuité. Certains sont parfois incinérés dans des cimenteries, pratique condamnable puisqu'une partie des polluants présents dans ces déchets se retrouvera soit dans les ciments produits, soit dans les fumées émises.

Déchets par catégorie et par type de travaux (en tonnes)

	DÉMOLITION	RÉHABILITATION	CONSTRUCTION NEUVE	TOTAL
DÉCHETS INERTES	**4 381 500** (43 %)	**7 105 100** (63 %)	**1 879 000** (81,4 %)	**13 365 600** (56 %)
DÉCHETS BANALS	**5 640 500** (55 %)	**3 002 000** (26 %)	**373 100** (16,1 %)	**9 015 600** (38 %)
DÉCHETS SPÉCIAUX	**192 000** (2 %)	**1 271 900** (11 %)	**57 100** (2,5 %)	**1 521 000** (6 %)
TOTAL	**10 214 000** (100 %)	**11 379 000** (100 %)	**2 309 200** (100 %)	**23 902 200** (100 %)

Source : « Déchets de chantier de bâtiment ; quantification nationale », CEBTP et DEMAIN pour FNB et ADEME, janvier 1996.

Les déchets issus des opérations de démolition et de réhabilitation, par opposition à ceux issus des constructions neuves, sont les plus nombreux. Ce sont également les plus problématiques, puisqu'ils sont mélangés et souvent difficiles à dissocier. Les déchets des nouvelles constructions, essentiellement composés de chutes ou de résidus, sont en revanche facilement triables et souvent réemployables.

L'exemple des plastiques est caractéristique des problèmes que pose aujourd'hui l'habitat en matière de déchets, et mérite de ce fait d'être présenté plus en détail.

L'exemple des matières plastiques

Sous cette dénomination se cache une multitude de produits synthétiques aux caractéristiques parfois très différentes.

En 1996, on évaluait à 230 000 tonnes le poids des matières plastiques recyclées en France sur un gisement estimé à 2 300 000 tonnes, toutes filières comprises [4]. Mais ce sont pour l'essentiel les chutes des usines de production et de consommation qui ont bénéficié de cette valorisation, ainsi que les emballages.

Le bâtiment, quant à lui, n'est pas concerné par ce recyclage (hormis pour les emballages et dans une faible mesure), car de nombreux obstacles s'y opposent. Tout d'abord, avant de réaliser ce type de valorisation, il faut effectuer un tri poussé, très coûteux, des matériaux. Ensuite, tous les plastiques ne sont pas recyclables et ceux qui le sont ne le sont pas à l'infini. Enfin, l'opération même de recyclage est coûteuse car nécessitant un matériel cher et beaucoup d'énergie. Aussi, à l'heure actuelle, les possibilités de recyclage des plastiques sont-elles décevantes. Pour l'avenir, même si la recherche est très active, les experts ne sont pas très optimistes.

Ainsi les plastiques du bâtiment aboutissent souvent en décharge. Or, en vertu d'une directive européenne, à partir de 2002, seuls les déchets ultimes, c'est-à-dire les déchets ne pouvant être valorisés, pourront en principe être acceptés en décharge (loi du 13 juillet 1992).

---

4 P. Dommanget, O. Loiseau, S. Maselro, *Le Recyclage des matériaux*, « Que sais-je » n° 3347, Puf, Paris, 1998.

Les autres seront donc systématiquement dirigés vers l'incinération, mélangés aux autres déchets banals avec les inconvénients que l'on connaît : émission de polluants dans l'air, résidus (mâchefers) pollués également, effet de serre...

En ce qui concerne les emballages plastique, les entreprises de construction doivent, selon la quantité générée par leur activité, faire en sorte qu'ils soient valorisés dans une installation agréée. Dans la pratique, ces déchets parfois souillés par d'autres produits sont couramment brûlés sur place.

Mais les plastiques ne sont pas les seuls déchets dont l'élimination ou la valorisation pose des problèmes. Il en est de même pour la laine de verre, les panneaux de bois aggloméré, le bois traité, le placoplâtre, etc., soit parce que ces matériaux sont composites, c'est-à-dire fabriqué avec plusieurs « sous-matériaux », soit parce qu'ils sont associés à d'autres produits : peintures, vernis, etc.

Bon nombre de ces produits sont aujourd'hui eux aussi incinérés. Même si l'incinération avec récupération d'énergie se développe, tout comme des procédés du même type moins polluants, ce mode de traitement demeure insatisfaisant.

Vers un habitat écologique

Le véritable progrès dans la gestion des déchets du bâtiment n'est pas à chercher dans l'amélioration des techniques de traitement, mais plutôt dans un changement plus profond des pratiques actuelles dans le sens d'un habitat générant moins de déchets et produisant surtout des déchets « de qualité ».

L'habitat écologique s'inscrit dans cette réflexion en prenant en compte la problématique des déchets dès la conception du bâtiment par un choix de matériaux respectueux de l'environnement. Construit à partir de matériaux naturels ou peu transformés, majoritairement non composites, il est également plus facilement déconstructible. Par ailleurs, la prise en charge des déchets qu'il génère se révèle aisée et moins coûteuse, tant sur le plan financier qu'énergétique.

Prenons comme exemple le bois non traité. Lorsqu'une maison contenant ce matériau est déconstruite, le bois sain peut être réemployé tel quel (charpente, menuiseries, cloisons...) ou réutilisé sous d'autres formes pour la construction. Il pourra être également brûlé sous forme de bois déchiqueté, par exemple, et ainsi être valorisé énergétiquement dans des chaudières à haut rendement non polluantes. Les cendres résiduelles, en faible quantité pour le bois déchiqueté, pourront être utilisées comme fertilisant agricole.

De même, des isolants naturels, comme le chanvre, le lin, la fibre de bois, sont biodégradables et parfois réutilisables. La terre, quant à elle, retourne à la terre, tout comme la pierre. La brique cuite peut être concassée en briquaillon et utilisée en sous-couche ou en remblai.

L'habitat écologique est garant d'un moindre impact environnemental en termes de déchets car ceux-ci sont souvent biodégradables (chanvre, lin, cellulose, paille) ou facilement et correctement valorisables (bois, brique), certains pouvant être restitués directement au milieu naturel (pierre, terre).

Critères de choix

Jusqu'à la fin du XIXe siècle environ, le choix des matériaux était relativement simple pour le constructeur qui disposait d'un éventail plutôt restreint, déterminé par les ressources locales disponibles. Aujourd'hui, la question s'avère beaucoup plus complexe. En effet, pour l'écoconstructeur, le nombre de paramètres à prendre en compte est beaucoup plus important. Ceux-ci sont parfois contradictoires. Par exemple, le choix de matériaux non polluants n'est pas toujours compatible avec un budget serré. De même, certains systèmes (type de chauffage, récupération de l'eau de pluie, installation électrique) posent de nouvelles problématiques en termes de rapport coût/bénéfice, avantages/inconvénients, confort/impact environnemental. Choisir revient alors à fixer des priorités et des limites, à faire parfois des concessions, bref, à trouver le meilleur compromis possible. Encore faut-il avoir en tête tous les éléments et toutes les informations susceptibles d'être pris en compte.

Sans prétendre à l'exhaustivité ni à suggérer une quelconque priorité, nous avons cherché à déterminer les principaux critères à considérer pour réussir un habitat plus respectueux de l'environnement et de nous-mêmes.

Le budget

C'est généralement le facteur limitant lors du choix des matériaux ou d'une solution technique. Aujourd'hui, en France, le prix des matériaux qualifiés d'écologiques est plus élevé que celui des matériaux de la grande distribution. La raison de ce surcoût vient de la faiblesse de la production, le marché étant encore peu développé. Le manque de concurrence tend aussi à maintenir des prix élevés.

Mais cette réalité n'est pas inéluctable, même si elle représente un obstacle conséquent. Bien sûr, à l'heure actuelle, les ménages à petit et moyen budget ne pourront construire ou faire construire une maison totalement constituée des matériaux les plus écologiques, équipée d'un chauffage et d'un chauffe-eau solaires, d'un système de récupération et de potabilisation de l'eau de pluie... Mais en acceptant certaines concessions sur la proportion de matériaux écologiques et en définissant des priorités en matière d'équipement, le constructeur contribue à encourager le développement d'une ou plusieurs de ces filières et à favoriser ainsi la baisse des prix.

Par ailleurs, le surcoût lié au choix de matériaux écologiques n'est pas toujours aussi important qu'il y paraît. Certes, un mur en briques auto-isolantes sera plus cher qu'un mur en parpaings. Mais qu'en sera-t-il si l'on ajoute au prix des parpaings celui de l'isolant et du doublage, inutiles pour le mur en briques ? Ce simple exemple montre qu'en matière de budget aussi, un projet d'habitat écologique doit être évalué dans sa globalité.

Le confort et le bien-être

Confort et bien-être sont étroitement liés à l'impact sanitaire, mais également aux performances du matériau ou d'une solution technique dans divers domaines. Ainsi, un isolant se devra d'être performant au niveau thermique, mais aussi au niveau acoustique. Il devra également être perméable à la vapeur d'eau pour ne pas occasionner de gênes dues à l'humidité. Tout cela dépendra, non pas des caractéristiques d'un matériau ou même de tous les matériaux pris un à un, mais de la façon dont ils vont être disposés, ainsi que des attentes des habitants. De la même façon, la facilité de mise en œuvre d'une solution technique doit être examinée, tout comme l'entretien qu'elle nécessitera et les nuisances qu'elle générera : bruit, odeur, etc.

Les ressources locales

Un habitat plus respectueux de l'environnement inclut autant que possible l'utilisation de ressources locales. En effet, même si le transport de marchandises est aujourd'hui rapide et parfois peu onéreux, il engendre un coût énergétique et des nuisances qui ne sont pas toujours justifiés. Il sera de même préférable de faire appel à un fabricant et/ou un distributeur proche pour les équipements divers : panneaux solaires, citerne à eau de pluie, etc.

LES MATIÈRES PREMIÈRES

À partir de quelles matières premières a été fabriqué ce matériau, cet appareil ou cet équipement ? S'agit-il de matières fossiles (pétrole), de matières minérales rares (certains métaux), de matière organique (bois) ? Ces matières premières sont-elles abondantes, renouvelables, épuisables ? Toutes ces questions sont à prendre en compte dans nos choix.

LES IMPACTS ENVIRONNEMENTAUX

La fabrication d'un matériau ou d'un équipement génère, comme toute activité humaine, des impacts sur notre environnement. L'extraction des matières premières, leur transport, les différentes phases de production, de conditionnement, d'utilisation ne sont pas sans conséquences. Les impacts engendrés sont plus ou moins importants et s'exercent à différentes échelles. L'écoconstructeur doit aussi les considérer.

L'IMPACT SANITAIRE

Nous ne sommes malheureusement pas toujours informés sur les risques que nous encourons à utiliser tel ou tel élément dans la maison. C'est le cas des nouveaux composés aujourd'hui omniprésents dans l'habitat (solvants, pesticides, plastiques...) avec lesquels nous sommes en contact jour après jour. Ces molécules totalement artificielles ont pour la plupart moins de cinquante ans, et bien malin qui pourrait garantir leur innocuité sur le long terme d'autant que, jusqu'à aujourd'hui, peu d'études ont porté sur la question. Le principe de précaution nous incite donc à éviter l'emploi de ces composés qui, de plus, posent bien souvent d'épineux problèmes une fois devenus déchets.

Mais attention : si, pour la plupart, les matériaux de synthèse ne sont pas souhaitables dans l'habitat, cela ne veut pas dire que n'importe quel matériau naturel pas ou peu transformé sera bon à prendre. N'oublions pas que l'amiante, l'uranium ou le plomb sont des composés présents naturellement dans notre environnement. Ainsi, naturel n'est pas forcément synonyme de sain. De la même façon, attention à l'étiquette « écologique » associée à certains matériaux. Certes, la laine de lin est un matériau écologique, mais si les fibres sont fixées entre elles par une colle synthétique, pourra-t-on conserver cette appellation ? Une certaine propension à exploiter un marché en vogue pourrait bien y conduire. Les apparences sont parfois trompeuses et, avant de faire définitivement un choix, il importe de se renseigner sur la composition du produit ou du matériau que l'on compte acheter.

L'ÉNERGIE GRISE

Avant de choisir un matériau plutôt qu'un autre, il est important de l'appréhender en termes de coût énergétique : quelle consommation d'énergie occasionnera-t-il de son élaboration jusqu'à sa mise en œuvre, en passant par son transport, son stockage... C'est l'« énergie grise », qui se calcule en kilowattheures (kWh).

QUELQUES EXEMPLES DE CONSOMMATIONS ESTIMATIVES

ALUMINIUM DE 1re FUSION	34 000 kWh par tonne
POLYSTYRÈNE EXPANSÉ	23 000 kWh/t
PLASTIQUES (moyenne)	21 000 kWh/t
POLYURÉTHANE	18 000 kWh/t
LAINE DE VERRE	14 000 kWh/t
FERRAILLES POUR BÉTON	9 000 kWh/t
CIMENT	1 700 kWh/t
BRIQUE CUITE ET TUILES	900 kWh/t
BOIS	700 kWh/t
BÉTON	400 kWh/t
BLOC DE TERRE STABILISÉE	200 kWh/t

Source : Thierry Salomon, *La Maison des [néga]watts*, Terre vivante, Mens, 1999.

Ces chiffres montrent bien que ce sont les matériaux ayant subi le plus de transformations qui sont logiquement les plus coûteux en énergie. Pour les matériaux plus écologiques, la dépense énergétique est essentiellement due à l'extraction du milieu naturel et à la mise en œuvre. Ces mêmes chiffres peuvent s'appliquer à des systèmes complets : capteur solaire, citerne en béton ou en PVC, etc. Mais là encore, ces chiffres ne sont que partie d'un tout et ne doivent pas à eux seuls conditionner un choix.

LE FUTUR DÉCHET

Le matériau d'aujourd'hui est aussi le déchet de demain. En choisissant un matériau ou une solution technique, le constructeur choisit implicitement un futur déchet avec ses caractéristiques et ses potentialités de valorisation. Les matériaux les plus intéressants à cet égard sont les biodégradables, ceux qui retournent facilement à l'état de matière première (terre, pierre), et les recyclables dans la mesure où cette opération est peu coûteuse en énergie.

Vers un écobilan des matériaux et des solutions

Encore appelé « bilan écologique » ou « analyse de cycle de vie », l'écobilan vise à évaluer l'impact sur l'environnement, sur les ressources naturelles et sur la santé d'un produit, d'un service ou d'une activité dans sa globalité. Pour un matériau ou une solution technique, ce bilan partira de l'extraction des matières premières dont il est constitué jusqu'à son élimination ou son recyclage, en passant par sa fabrication, son conditionnement, son transport et sa mise en œuvre.

Faire un bilan écologique est en général compliqué ; les matériaux de construction, et plus encore certains systèmes, présentent une difficulté supplémentaire du fait de leur longévité. Comment savoir quels impacts ou quel coût énergétique engendrera un matériau dans cent ans sans savoir comment évolueront les techniques et quelles ressources énergétiques seront utilisées ?

Toutefois, même si cette démarche comporte des lacunes, elle a le mérite d'aborder un projet dans sa globalité. Espérons que ces écobilans encore très rares se développent rapidement dans les années à venir.

Conclusion

Les critères dans le choix des matériaux sont nombreux et complexes. S'il est aujourd'hui possible de citer des « mauvais matériaux », il est en revanche utopique de chercher à donner une liste de matériaux parfaits.

Les matériaux écologiques se veulent performants, peu coûteux en énergie, et de faible impact sur l'environnement et la santé. Cette recherche d'efficacité induit certains inconvénients : ils sont plus chers et parfois plus compliqués à mettre en œuvre. Mais on ne peut pas leur reprocher, comme aux matériaux classiques, de sacrifier les critères sanitaires et environnementaux aux critères de prix et de facilité d'utilisation.

Les **réponses écologiques** dans **l'habitat**

Se placer dans un environnement

Où poser sa maison et comment l'orienter : tout futur propriétaire, qu'il se préoccupe ou non d'écologie, se pose ces questions. Elles revêtent une importance particulière lorsqu'on veut construire une maison écologique.

Quelques critères de base

Le paysage environnant est évidemment un critère essentiel. Nul ne songerait à construire une maison écologique dans un paysage inhospitalier, dépourvu d'arbres, ou à proximité de bâtiments industriels ou encore avec vue sur une ligne à haute tension. Quant au modelé du terrain, à son caractère plus ou moins accidenté ou plus ou moins boisé, c'est évidemment affaire de goût.

On veillera bien entendu à l'absence de sources de pollution à proximité, qu'il s'agisse de pollution chimique et/ou olfactive (usine, incinérateur), radioactive (centrale nucléaire), sonore (aérodrome, route fréquentée, carrière, etc.) ou encore visuelle.

La position de la maison par rapport au relief et aux vents dominants est un critère particulièrement important en habitat écologique. Trop encaissée, ou située sur un versant nord, la maison sera peu ensoleillée. Elle sera moins agréable à habiter, et les apports d'énergie solaire seront réduits, ce qui obligera à utiliser davantage de combustible pour le chauffage et l'eau chaude sanitaire. On évitera également la présence de masques tels que de grands arbres ou encore des constructions proches privant la maison de soleil pendant une partie de la journée. Si la topographie le permet, choisir un emplacement à l'abri des vents dominants permettra de réaliser de sérieuses économies de chauffage et de profiter pleinement des journées ensoleillées en hiver ou en demi-saison.

Dans le choix des matériaux et de l'architecture, on tiendra évidemment compte des traditions locales et du bâti environnant, ce qui, bien entendu, n'interdit pas d'innover.

Au-delà de ces critères relativement classiques, des approches moins conventionnelles sont parfois prises en compte.

Fengshui et géobiologie : des approches controversées

Quel est donc ce fengshui sur lequel tant de livres ont été publiés ces dernières années, et quel crédit faut-il accorder aux experts en fengshui qui nous proposent leurs services ? Issu d'une très ancienne tradition chinoise, le fengshui peut être défini comme l'art d'aménager l'espace de manière à optimiser la circulation de l'énergie naturelle pour être en harmonie avec son environnement. Il est fondé sur ce que les Chinois appellent le « chi » (prononcer ki), une énergie échappant à nos techniques de mesure scientifiques et à laquelle nous serions soumis continuellement et en tous lieux. Tout l'art de la construction et de l'aménagement d'une maison consiste, selon le fengshui, à permettre à cette énergie de circuler dans la maison et autour d'elle de la manière la plus bénéfique à ses occupants. On évitera, par exemple, les emplacements où la circulation du chi est perturbée par un relief trop abrupt, par une situation trop encaissée, ou encore par des vents violents.

La disposition des différentes pièces d'une maison est également un élément essentiel du bien-être pour les spécialistes du fengshui. En effet, les formes, la luminosité et l'aménagement vont jouer un rôle considérable, créant des zones plus ou moins perturbées qui seront plus ou moins bénéfiques ou au contraire néfastes pour tel ou tel habitant. L'emplacement des ouvertures et des meubles dans les différentes pièces devra également obéir à certaines règles, qui varieront à la fois selon la vocation de la pièce et en fonction du caractère de ses occupants.

À y regarder de près, on se rend compte que les règles du fengshui rejoignent souvent celles que dicte le bon sens et qu'elles correspondent à une bonne intégration de la maison dans son environnement et à une ambiance intérieure harmonieuse. Nous laisserons à chacun le soin de juger si, comme les pensent les spécialistes de cette science traditionnelle, elles permettent d'aller beaucoup plus loin.

La géobiologie est un autre domaine qui échappe pour une large part à l'analyse rationnelle et scientifique. Il s'agit de tenir compte, dans le choix de l'emplacement de la maison, dans la disposition des pièces et dans le positionnement de certains meubles, en particulier des lits, de certaines influences, notamment telluriques, habituellement pas prises en compte et pas toujours mesurables par les méthodes classiques.

L'approche géobiologique s'est efforcée de donner des bases, et de fournir des explications, à une constatation faite par de nombreux observateurs : jadis, le choix de l'emplacement d'une maison tenait compte de facteurs non directement mesurables. L'exemple le plus classique est celui de la méthode utilisée dans l'Antiquité par les Romains, pour décider de l'emplacement d'une nouvelle maison. Ils faisaient paître un troupeau pendant un an sur l'emplacement prévu. Au bout de cette période, les animaux étaient sacrifiés et leurs viscères examinées. Si les animaux étaient sains, l'emplacement était retenu. Dans le cas contraire, il était abandonné. Selon une autre version, on construisait la maison à l'emplacement que les animaux avaient choisi pour se rassembler et se reposer.

La géobiologie proprement dite repose d'une part sur la mise en évidence de champs magnétiques formant des réseaux, notamment le réseau Hartmann, d'autre part sur la détection et le rôle des failles et des courants d'eau souterrains. Si la détection des courants d'eau souterrains est une technique assez bien maîtrisée par les sourciers, les effets de la présence sous sa maison, voire sous son lit, d'un tel courant est plus difficile à évaluer. Les géobiologues se fondent sur de nombreuses observations pour dire, par exemple, qu'avoir son lit à l'aplomb d'un courant d'eau, ou d'un nœud du réseau Hartmann, ou encore de certaines failles géologiques, peut provoquer des maladies graves, en particulier des cancers. Fort heureusement, il suffirait dans la plupart des cas de déplacer le lit, et non pas toute la maison, pour résoudre le problème.

Nous sommes sans aucun doute soumis à des influences et nous avons du mal à mesurer et à évaluer leurs effets sur notre santé. C'est précisément cette difficulté qui peut amener à s'interroger sur des techniques comme celles du fengshui ou de la géobiologie, d'autant qu'elles ne font l'objet d'aucun enseignement reconnu officiellement, et que les observations venant confirmer de manière indiscutable leur bien-fondé sont encore peu nombreuses. Ce qui, bien entendu, n'autorise pas à les rejeter *a priori*. À chacun d'apprécier ce sujet selon sa réceptivité.

Construire

Les fondations et le sol

Les fondations

Les fondations sont garantes de la stabilité du bâtiment. Le type de fondations à prévoir va dépendre de la nature du sol et du poids total du bâtiment.

Dans le cas le plus classique, les fondations sont en béton de ciment, armé ou non. Pour satisfaire à cet usage, il est possible d'utiliser un béton sans ciment, le béton cyclopéen.

Exemple de composition d'un béton cyclopéen (quantités pour une bétonnière) :

– Chaux hydraulique naturelle : un demi-sac ;
– Graviers et pierres : 25 pelles ;
– Eau : selon la consistance.

Le sol

Au niveau du sol, la présence d'une dalle est à conseiller pour limiter le dégazage naturel du radon dans la maison ou les remontées d'eau. Celle-ci pourra être faite de béton de chanvre (dalle isolante).

Si l'on utilise du béton armé, il est important d'effectuer une mise à la terre du ferraillage pour éviter de faire de la maison une cage de Faraday [5] qui isole énergétiquement les habitants de l'extérieur.

5 Chimiste et physicien britannique, Michael Faraday (1791-1867) a découvert que n'importe quelle structure métallique en forme de cage isole l'intérieur de celle-ci des champs électriques naturels provenant de l'extérieur. Le manque ou les variations anormales des champs électriques semblent modifier la polarisation cellulaire et réduire l'efficacité des défenses immunitaires. Les symptômes observables sont un état de fatigue plus ou moins chronique et une hypersensibilité à certaines maladies.

L'isolation thermique de la dalle n'est pas toujours nécessaire. Ne pas isoler offre l'avantage de profiter de l'inertie du sol. Ainsi, en été, les pièces situées au rez-de-chaussée restent fraîches car une partie de la chaleur ambiante est absorbée par le sol. Cette chaleur sera restituée lorsque la température diminuera en automne. En hiver, la terre, dont la température reste globalement stable en toute saison (aux alentours de 12 °C) réchauffera naturellement la maison.

Il est possible d'optimiser ce système avec des capteurs à air. L'air est prélevé, en été, à l'extérieur et acheminé sous la maison. Un transfert de chaleur s'effectue alors depuis l'air plus chaud vers la terre plus fraîche. Cette chaleur est gardée et restituée après la saison chaude dans la maison.

Le même principe peut être appliqué pour des maisons équipées d'un système de chauffage ou d'un chauffe-eau solaire, comme l'illustrent les deux schémas ci-dessous.

Dans le premier, c'est l'eau, envoyée en boucle de décharge, qui réchauffe le sol en été. Ce procédé offre en outre l'avantage d'utiliser le surplus de chaleur produit par les panneaux solaires en été et d'éviter ainsi d'endommager l'installation solaire.

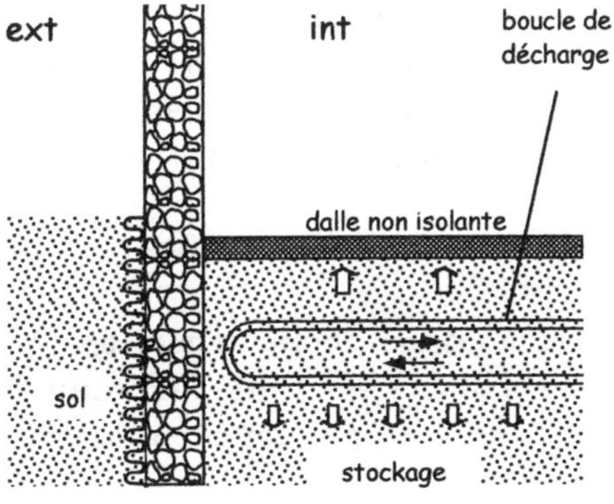

EN ÉTÉ

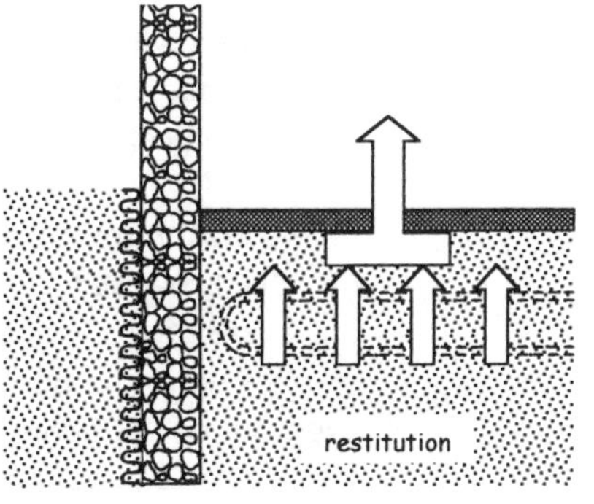

EN HIVER

Les murs : matériaux et mise en œuvre

À l'heure où la construction rapide en béton s'avère inadaptée, tant en termes de respect de l'environnement qu'en termes de confort et d'agrément, de nombreux passionnés de l'habitat redécouvrent les matériaux d'autrefois et les mettent en œuvre selon les principes ancestraux, parfois enrichis de nouvelles techniques.

Pour le montage des murs, nous allons présenter les différentes techniques de construction avec des matériaux utilisés depuis des millénaires, mais aussi avec d'autres, plus récents, qui ont fait l'objet d'expérimentations ces dernières années. Ces matériaux alternatifs permettent notamment de limiter l'utilisation du ciment, qui est le matériau le plus utilisé actuellement dans la fabrication du béton. Or, des problèmes commencent apparaître dans les constructions en béton armé : avec le temps, les ferrailles à l'intérieur s'oxydent et augmentent de volume. Le béton se fissure et la résistance mécanique du bâtiment n'est plus suffisante.

Les matériaux à la fois écologiques et performants que l'on peut mettre en œuvre sont le bois, la terre, le chanvre et la paille.

Toutefois, si certains d'entre eux, comme la terre ou le bois, utilisés depuis fort longtemps, correspondent à une DTU (directive technique unifiée, voir p. 145), il n'en est pas encore de même pour d'autres qui font leur apparition dans la construction, comme le chanvre, ou certains redécouverts depuis peu, comme la paille.

Murs porteurs ou ossature porteuse avec murs de remplissage ?

Il existe deux types de murs : les **murs porteurs** qui supportent le poids de la charpente et de la toiture et les **murs de remplissage** qui ne soutiennent pas le poids du toit, cette fonction étant assurée par une **ossature porteuse**.

Les murs porteurs peuvent être maçonnés de deux façons. Soit le matériau se présente sous forme de briques que l'on assemble avec un liant à base de chaux pour que les propriétés de la matière utilisée ne soient pas modifiées. Soit le matériau de base est tassé entre des banches. Plus on compacte le produit, plus on lui donne de l'inertie et moins il est isolant sur le plan thermique. Dans les constructions du Sud, on privilégie l'inertie pour garder le jour la fraîcheur de la nuit et garder la nuit la chaleur du jour. Dans le Nord, on privilégie l'isolation pour garder la chaleur à l'intérieur.

Si l'on opte pour une ossature porteuse (nous ne parlerons ici que des ossatures bois), on pourra monter les murs de remplissage selon deux principes :

– avec des panneaux sandwichs, l'espace entre les deux panneaux étant comblé avec un isolant ;

– ou en utilisant la technique du banchage, les murs étant montés entre chaque poteau de l'ossature. On peut laisser ceux-ci apparents ou non. Pour améliorer l'adhérence entre le mélange et l'ossature, il est conseillé de fixer un liteau sur les pièces porteuses.

Une des principales qualités des murs est leur bonne tenue dans la durée. Pour que la maison soit agréable à vivre, il faut qu'ils assurent également une bonne isolation phonique et thermique, sans pour cela la rendre étanche. Ils doivent permettent les échanges gazeux, et en particulier la circulation de la vapeur d'eau, qui régulent l'humidité ambiante : on dit que les murs « respirent ». Ils doivent également être capables de stocker la chaleur quand il fait chaud et de la restituer quand il fait plus frais. Les matériaux écologiques utilisés pour la construction ont souvent toutes ces qualités.

RÉSISTANCE THERMIQUE DE LA BRIQUE MONOMUR COMPARÉE À CELLE D'AUTRES MATÉRIAUX (texte p.54)

TYPES DE MURS	RÉSISTANCE THERMIQUE R
agglo béton 20 cm	0,22
brique ordinaire 20 cm	0,46
brique ordinaire 25 cm	0,63
brique monomur 37 cm	2,53
brique monomur 42 cm	2,95

Plus le coefficient R est élevé, plus le matériau est isolant (voir p. 63).

Les murs porteurs

La pierre

Les qualités d'isolation de la pierre ne sont pas exceptionnelles. Les murs de pierre, montés à sec ou maçonnés, ont donc besoin d'une certaine épaisseur et demandent lors de la mise en œuvre une technique rigoureuse qui n'est pas détaillée dans ce guide.

La terre cuite

La terre cuite, sous forme de briques, est utilisée pour des murs porteurs. Avec les briques alvéolaires de terre cuite, les qualités de l'air et de la terre sont réunies. Il existe actuellement des briques de 37 à 42 cm d'épaisseur dont les alvéoles, en quinconce, permettent un réchauffement de l'air avant que celui-ci arrive vers le mur intérieur (brique auto-isolante, brique monomur ou brique G). En effet, le plus performant et le plus naturel des isolants est l'air. Emprisonné dans la structure alvéolaire des briques, il forme une véritable barrière aux échanges thermiques brusques et stabilise la température intérieure des pièces (voir tableau p.53).

La terre cuite, par son inertie, peut capter et stocker les calories pour les utiliser selon les besoins. Elle va garder la maison fraîche en été et restituera en automne la chaleur stockée à la belle saison. En hiver, elle restituera, grâce à son volant thermique, la chaleur qu'elle pourra emmagasiner.

Par ailleurs, la terre cuite régule le degré hygrométrique de l'air ambiant et évite la condensation.

La mise en œuvre pour le montage d'un mur en briques est classique et relativement simple. Les briques sont collées sur les fondations avec un mortier, à base de chaux de préférence. Les fournisseurs ont prévu des briques adaptées à toutes les parties de la construction : angles, linteaux, etc.

À l'achat, les briques de terre cuite coûtent plus cher que les parpaings en béton mais, les murs ne nécessitant pas d'isolation complémentaire, le coût final est à peine supérieur.

La terre crue

Le pisé

Les murs en pisé sont montés par tassage entre des banches d'une terre extraite à proximité du chantier, ni trop argileuse, ni trop sableuse, et juste assez humide pour être mise en œuvre aisément. Un large débord de toit et des soubassements maçonnés, généralement en pierre, protégeant les murs de l'humidité, suffisent à garantir la pérennité de la construction. Un lit de mortier de chaux assure les liaisons horizontales et verticales entre les banches qui ont en moyenne 80 centimètres de hauteur. Les murs en pisé permettent de réguler la chaleur et l'humidité dans la maison. Le transit de vapeur d'eau est permanent dans un sens ou dans l'autre. Il est capital de ne pas mettre de produits imperméables sur les murs, ni à l'intérieur, ni à l'extérieur (par exemple enduit à base de ciment hydrofuge dans les mortiers ou revêtements muraux plastique). En effet, la présence de telles barrières empêcherait les échanges gazeux au sein du mur, engendrant ainsi des problèmes d'humidité, de développement de champignons, et rendant la maison plus difficile à chauffer. L'humidité peut même, dans ce cas, s'accumuler contre la barrière étanche : petit à petit, le pisé se gorge d'eau, gonfle, perd sa résistance mécanique et cause, à plus ou moins long terme, de graves problèmes de structure.

Aujourd'hui, si le principe de construction reste le même, les techniques et le matériel évoluent. On utilise un fouloir pneumatique et des banches de grande longueur pour réduire les joints verticaux et obliques et gagner ainsi du temps sur le chantier. On améliore la cohésion de la terre en incorporant un liant de type chaux blanche (aérienne par exemple).

La brique de terre compressée

Avec une terre faiblement humide (même teneur en eau que le pisé), on peut fabriquer une brique de terre crue, compressée à l'aide d'une presse manuelle ou pneumatique. La stabilisation à la chaux, voire au ciment (incorporés à hauteur de 3 à 5 %), est possible et utilisée dans certaines constructions récentes.

La terre, cuite ou crue, permet une architecture variée qui peut intégrer par exemple des voûtes ou des coupoles.

Le bois

Les propriétés du bois

Le bois est un matériau souple et résistant. Il offre unc bonne isolation thermique. Il ne dégage ni radioactivité, ni gaz, ni poussière, ni électricité statique. C'est un excellent régulateur hygrométrique. S'il est vrai que le bois alimente le feu, les pièces de forte section brûlent lentement, sans aucune déformation, et ne cèdent qu'après avoir résisté nettement plus longtemps que les pièces de fer, par exemple. Par ailleurs, la combustion du bois dégage peu de gaz toxiques. Ce matériau, qui en outre vieillit particulièrement bien, est adapté à la construction de murs porteurs.

Les rondins de bois

Cette technique, originaire de Finlande, consiste à empiler des rondins de bois brut (épicéa, pin, cèdre rouge...) en les encastrant aux angles par des assemblages réalisés sur mesure. Pour rendre les murs étanches à l'air et à l'eau, autrefois, on comblait l'espace entre chaque tronc sur toute la longueur en utilisant de la mousse. Aujourd'hui, cette isolation est obtenue par une entaille en V que l'on confectionne le long de chaque rondin. Après avoir introduit un isolant (laine de cellulose ou de lin) dans la cavité ainsi obtenue, on peut superposer les deux billes de bois et obtenir un ajustement parfait qui se renforce avec le temps, au fur et à mesure du tassement des bois.

Les madriers

Les murs sont montés avec des madriers équarris et assemblés par un système de rainures et de languettes. Cette méthode n'est pas facile à mettre en œuvre, car la préparation des madriers demande de bonnes connaissances techniques. Traditionnellement, les essences de bois utilisées sont en particulier l'épicéa, le pin, le cèdre rouge.

Le bois cordé

Ce mode de construction, bien adapté à l'autoconstruction, nous vient du Canada. Le mur a l'apparence d'un tas de rondins reliés entre eux par un mortier.

Le bois utilisé, qui peut être du bois de chauffage, doit avoir été coupé avant que la sève ne commence à remonter dans l'arbre (novembre, décembre ou janvier) et être très sec : 3 à 4 ans de séchage. Cela lui permet de ne pas diminuer de volume une fois pris dans le mortier (le retrait peut provoquer une fissure entre bûche et mortier). Le bois le plus approprié est le châtaignier, mais il est souhaitable d'utiliser des essences proches de son lieu d'habitat.

Il est également possible d'utiliser du bois tout venant, avec l'écorce, (peuplier, charme) mais pas les bois d'eau comme le bouleau ou l'aulne qui absorbent facilement l'humidité.

La longueur de découpe, donc la largeur des murs, sera fonction du niveau d'isolation souhaité dans la maison. D'une façon générale, les dimensions préconisées dans les régions tempérées sont de 30 à 40 centimètres.

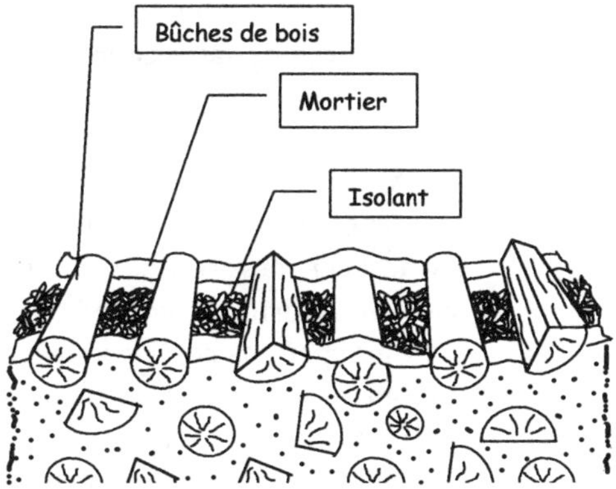

Mise en œuvre

Le mortier est placé sur les fondations en deux bandes parallèles de 10 centimètres de large chacune et séparées par un espace de 20 centimètres environ. Il faut appliquer des poignées de mortier sur les extrémités des bûches, en ménageant un vide au centre du mur. Les bûches sont posées perpendiculairement et espacées d'environ 5 centimètres. Dans le vide laissé entre les deux bandes de mortier, on placera éventuellement un isolant (par exemple du chanvre). Il est nécessaire de lisser le mortier tout autour des bûches pour éviter les formations de fissures entre celles-ci et le mortier.

Pour la protection des extrémités, le bois sera trempé dans un mélange d'huile de lin et d'essence de térébenthine en proportion égale.

Le mortier sera à base de chaux et de sable. Il est possible d'y intégrer un élément végétal. Celui-ci facilitera la prise entre les différents matériaux, donnera de la souplesse au mortier et améliorera l'isolation. Il sera ainsi inutile d'isoler les murs à l'intérieur de la maison. Cette technique est utilisée au Canada, où chacun sait à quel point les hivers sont rigoureux ! Les végétaux couramment utilisés sont les copeaux ou la sciure de bois (frêne par exemple), les déchets de chanvre (ou chènevotte), la paille hachée ou toute autre fibre stable dans le temps.

Les murs de remplissage

Le mortier chaux-chanvre

Contrairement aux autres techniques, l'utilisation du chanvre pour la construction est récente (vers 1986).

Les fibres textiles du chanvre sont séparées mécaniquement et c'est le résidu de cette transformation (l'enveloppe des fibres, appelée aussi chènevotte) qui est utilisé pour la construction. Il se présente sous forme de copeaux de 1 à 2 centimètres de longueur.

Le mortier chaux-chanvre est obtenu en ajoutant à la chènevotte un liant à forte teneur en chaux aérienne. La composition exacte du mélange et sa mise en œuvre varient selon les fabricants. Pour obtenir de bons résultats, il est important de se conformer aux prescriptions du fabricant choisi.

Le mélange terre-paille

Le mélange terre-paille est destiné à être coulé entre des banches. La terre a pour fonction de lier les fibres végétales. Ce mélange est intéressant car il combine les qualités de la paille avec celles de la terre qui, comme nous l'avons vu, est un matériau qui facilite les échanges gazeux et donne de la densité au mur.

Mise en œuvre

On commence par réaliser un « pralin », en mélangeant la paille, à même le sol ou dans des bassines, à de la terre, pour qu'elle en soit imbibée. Cette terre (10 à 40 % du mélange) se présente sous forme d'une barbotine assez argileuse qui permet de lier les fibres végétales.

On laisse reposer ce mélange pendant 24 heures puis on le tasse dans un coffrage en bois. Ce travail peut se faire au pilon ou avec les pieds. Suivant la proportion de terre dans le mélange initial, la densité du produit variera de 300 à 1 200 kg/m^3. On peut décoffrer immédiatement.

Les murs sèchent en 2 à 3 mois à la belle saison. Si on fait le travail à la mauvaise saison, il faudra attendre la belle saison suivante pour obtenir le séchage. Les maisons en terre-paille, comme celles en pisé, nécessitent une toiture largement débordante pour bien protéger les murs en cas de fortes pluies et pour éviter tout ruissellement. Un soubassement de 60 à 80 centimètres évitera toute remontée d'humidité du sol et supportera le rebondissement des eaux de pluie.

En ce qui concerne les finitions, le matériau se façonne à la scie. Les murs en terre-paille n'attirent pas les rongeurs et leur résistance au feu est excellente.

Cette technique est bon marché car les deux matériaux, la terre et la paille, peuvent se trouver sur place.

Autres types de remplissage

Dans le cas de murs sandwichs, on peut insérer entre les panneaux un isolant naturel comme le liège, le lin, la ouate de cellulose... Il est nécessaire d'installer un pare-vapeur entre l'isolant et la paroi intérieure pour éviter la formation d'un « point de rosée » (endroit où la vapeur d'eau rencontrant une paroi froide se transforme en gouttelettes) qui détériorerait l'isolant.

L'isolation thermique

Limiter les échanges thermiques entre l'intérieur du bâtiment et l'extérieur, pour éviter que la chaleur ne parte au dehors en hiver et que la maison soit une fournaise en été, c'est là toute la problématique de l'isolation thermique.

Le confort thermique est donc au centre de la question de l'isolation. Toutefois, bien isoler ne signifie pas se calfeutrer et le confort thermique n'est pas une simple question de température de l'air. L'hygrométrie, la température des murs, le mode de diffusion de la chaleur sont autant de facteurs à prendre en compte.

Mais ne limitons pas les vertus de l'isolation au simple confort de l'habitant car bien isoler, c'est aussi économiser de l'énergie et de l'argent.

Une bonne isolation doit être pensée dans sa globalité, du choix des matériaux jusqu'à leur mise en œuvre.

GÉNÉRALITÉS

Pour appréhender correctement la question de l'environnement thermique dans l'habitat, il est nécessaire de connaître les différents modes de diffusion de la chaleur : conduction, convection, rayonnement.

- La **conduction** correspond au transfert de chaleur à l'intérieur d'un corps de particule en particule. La conductivité d'un matériau est donc sa capacité à retenir ou à évacuer la chaleur.
- La **convection** correspond au transfert de chaleur d'un fluide liquide ou gazeux à un corps solide, par exemple de l'air à une paroi.
- Le **rayonnement** correspond à un mode de transmission de la chaleur d'un corps à un autre sous forme d'énergie rayonnante.

Conduction, convection et rayonnement sont spécifiques d'une paroi et donc des matériaux qui la composent. Isoler, c'est arrêter à la fois la conduction, la convection et le rayonnement.

Le confort thermique, quant à lui, dépend de nombreux facteurs. Certains sont de nature physique : température de l'air, du sol et des murs, humidité et mouvements d'air. D'autres sont plus subjectifs (voir p. 12).

L'ISOLATION SANS ISOLANTS !

Construire une maison bien isolée thermiquement n'oblige pas obligatoirement à poser une couche d'isolant en doublage des murs (isolation rapportée). En effet, le mur peut, à lui seul, remplir cette fonction d'isolation. La brique auto-isolante ou brique monomur en est un parfait exemple (voir p. 54).

Le pisé n'est pas en soi très isolant. Toutefois, dans les constructions utilisant ce matériau, c'est l'épaisseur du mur qui va être garante du niveau d'isolation.

Dans les maisons à ossature porteuse, le mur de remplissage peut faire directement office d'isolant. C'est par exemple le cas du mur en terre-paille ou en mortier chaux-chanvre.

Pour une bonne isolation et une bonne régulation de la température dans la maison, il faut donc soit un mur directement isolant, soit le couplage entre un matériau lourd qui, grâce à sa densité, aura une bonne inertie thermique et un matériau léger qui, grâce à l'air contenu dans ses fibres, sera isolant.

Isolation intérieure ou extérieure ?

L'isolation extérieure offre un certain nombre d'avantages.

– Tout d'abord, elle permet de profiter de l'inertie thermique du mur pour réguler la température dans la pièce. Quand celle-ci est chauffée, le mur accumule une partie de la chaleur. Lorsqu'on coupe le chauffage, le mur la restitue petit à petit et la pièce reste tempérée. En revanche, ce type d'isolation augmente la durée nécessaire pour chauffer une pièce froide puisque le mur absorbe une partie de la chaleur, dont l'air intérieur ne bénéficie pas.

– Ensuite, elle permet d'éviter les ponts thermiques notamment au niveau des liaisons murs-plancher.

– Enfin, choisir une isolation extérieure avec un mur ayant une bonne inertie permet de garder au mur une température proche de celle de l'air dans la maison. En effet, pour qu'une pièce soit confortable, il ne faut généralement pas plus de 3 °C de différence entre la température de la pièce et celle des murs de cette même pièce.

Régulation de la température grâce à l'isolation extérieure

Une partie de la chaleur rayonnante est absorbée par la surface du mur.

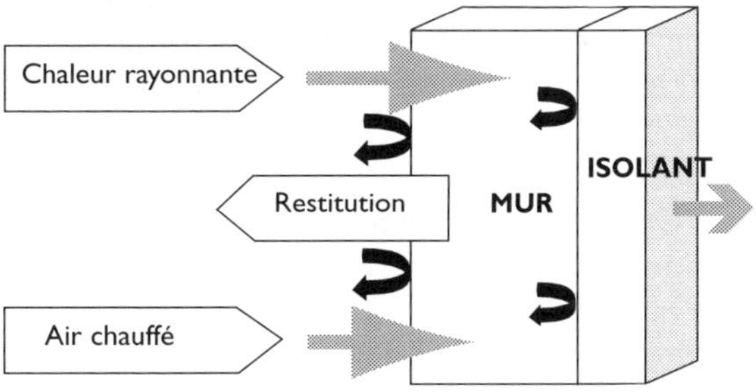

La chaleur de l'air est en partie transmise au mur par convection.

L'isolant se comporte comme une barrière thermique. La déperdition est faible.

L'isolation intérieure a elle aussi ses avantages :
– Elle est moins coûteuse ;
– Elle ne modifie pas l'aspect extérieur de la maison ;
– Elle est à la portée d'un bricoleur averti ;
– Elle permet un réchauffement rapide des locaux.

En règle générale, l'isolation par l'intérieur reste préférable.

Dans le cas d'une isolation par l'intérieur, afin d'éviter les problèmes de condensation (point de rosée), on utilise un isolant avec un pare-vapeur intégré, toujours du côté chaud du mur. Préférer les pare-vapeur respirants en papier kraft ou à base de cellulose et de cires naturelles. Éviter les pare-vapeur plastifiés ou aluminés et veiller toujours à la bonne ventilation murs/isolants.

Tous ces inconvénients d'*isolation rapportée* peuvent être évités, comme nous l'avons vu précédemment dans le cas de *monomurs* qui permettent de meilleurs échanges gazeux, intègrent l'apport solaire par rayonnement, régulent l'humidité ambiante, l'absorbent et la restituent soit par l'intérieur, soit par l'extérieur.

L'HYGROMÉTRIE

Un habitat bien isolé respire comme la peau, permettant les échanges gazeux et régulant l'humidité ambiante.

Or, beaucoup d'isolants modernes à base d'hydrocarbures comme le polystyrène et le polyuréthane, les revêtements plastique ou encore le béton plein sont pratiquement imperméables à la vapeur d'eau. Ils forment de véritables barrières étanches dans le mur. L'humidité n'est ainsi pas régulée. S'ensuivent alors des problèmes de développement de moisissures et d'inconfort thermique (transpiration même à des températures relativement basses). Ce climat intérieur trop humide favorise également l'apparition de rhumatismes.

Des matériaux comme la brique alvéolaire, la terre, la chaux et le mortier chaux-chanvre sont, eux, de bons régulateurs hygrométriques. Ils laissent la vapeur d'eau circuler. Leur porosité permet un stockage de cette vapeur qui sera restituée quand l'air intérieur sera plus sec.

Quelques coefficients caractéristiques

On évalue le pouvoir isolant d'un matériau par :

– **Sa conductivité thermique** : le coefficient λ (lambda) qui exprime la quantité de chaleur traversant en 1 seconde 1 mètre de matériau homogène pour un écart de température de 1 °C entre ses deux faces. Le coefficient λ s'exprime en W/m.°C. Plus la valeur l d'un matériau est petite, plus il est isolant.

Quelques chiffres indicatifs	
Polyuréthane	λ = 0,025 W/m.°C
Polystyrène extrudé	λ = 0,03 W/m.°C
Laine de verre	λ = 0,034 à 0,056 W/m.°C
Laine de lin	λ = 0,035 à 0,038 W/m.°C
Ouate de cellulose	λ = 0,035 à 0,040 W/m.°C
Laine de roche	λ = 0,038 à 0,047 W/m.°C
Laine de chanvre	λ = 0,04 W/m.°C
Polystyrène expansé	λ = 0,04 W/m.°C
Perlite exfoliée	λ = 0,05 W/m.°C
Laine de coco	λ = 0,05 W/m.°C
Liège expansé	λ = 0,05 W/m.°C
Panneaux en fibre de bois	λ = 0,05 W/m.°C
Vermiculite exfoliée	λ = 0,05 à 0,07 W/m.°C
Chanvre en vrac	λ = 0,05 à 0,07 W/m.°C
Brique de chanvre	λ = 0,12 W/m.°C
Brique monomur	λ = 0,11 à 0,18 W/m.°C
Bois	λ = 0,12 à 0,23 W/m.°C
Béton cellulaire	λ = 0,16 à 0,24 W/m.°C
Blocs de terre comprimée	λ = 1,05 W/m.°C
Brique de terre crue	λ = 1,1 W/m.°C
Brique de terre cuite	λ = 1,15 W/m.°C
Béton plein	λ = 1,75 W/m.°C
Pierre lourde	λ = 2,1 à 3,5 W/m.°C
Acier	λ = 52 W/m.°C

Source : notamment, Promotelec, *Locaux d'habitation, étude thermique d'isolation*, 4e édition, mars 1995.

– **Sa résistance thermique** : le coefficient R

La qualité isolante d'une paroi est mesurée par sa résistance thermique R. Si la paroi est constituée d'un seul matériau, on a la relation R = épaisseur/λ. Si la paroi est multiple, le calcul est plus compliqué. R est exprimé en m^2.°C/W.

Ces coefficients caractérisent le pouvoir isolant de tel ou tel matériau. Le graphique ci-dessous montre quels sont les plus efficaces. Attention toutefois à garder une approche globale dans le choix des matériaux. En effet, un produit comme le polystyrène peut séduire à la seule vue de ce graphique. Toutefois il ne faut pas oublier que c'est un matériau qui consomme beaucoup d'énergie tout au long de son cycle de vie, qu'il peut se révéler dangereux pour la santé, qu'il se dégrade rapidement et enfin qu'il s'agit d'un très mauvais isolant phonique. Cela donne à réfléchir...

On obtient un même niveau d'isolation avec :

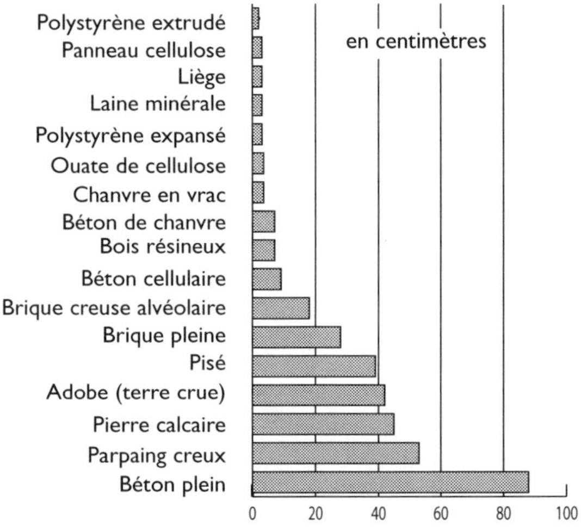

Le classement des isolants par rapport au feu est un autre élément à prendre en compte.

M0 incombustible
M1 non inflammable
M2 difficilement inflammable
M3 moyennement inflammable
M4 facilement inflammable.

Ce classement possède un intérêt limité. Un classement au feu de l'ouvrage incluant l'isolant serait plus pertinent. Toutefois, avant de choisir un matériau d'isolation, il faut évidemment se renseigner.

Les principales sources de déperdition de chaleur

Ce croquis met en évidence qu'il faut apporter un soin tout particulier à l'isolation de la toiture et des plafonds (30 % de déperdition).

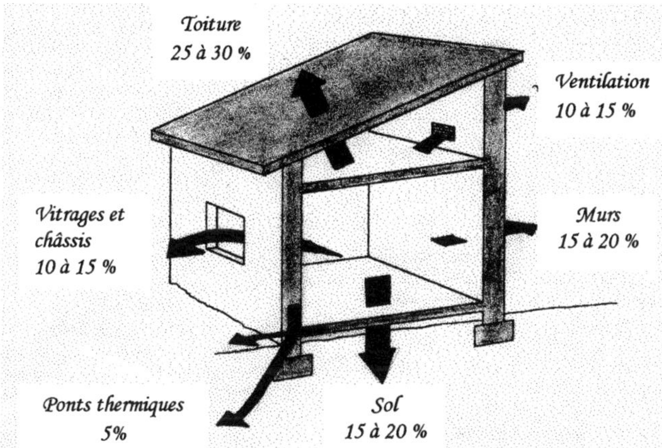

Les matériaux d'isolation

Les produits isolants sont généralement classés en fonction des origines des matériaux qui les constituent. Trois grands groupes existent : isolants à base minérale ; isolants synthétiques ; isolants à base végétale.

Les isolants minéraux

Les fibres minérales

Les laines de verre et les laines de roche sont, aujourd'hui, les isolants les plus utilisés. Ce sont des fibres artificielles de la famille des silicates. Elles sont obtenues par fibrage centrifuge de pâte de verre, de roche basaltique ou de laitier de haut fourneau. Leurs performances d'isolation sont bonnes, toutefois leur tenue dans le temps est loin d'être excellente.

Au niveau sanitaire, la plupart des laines minérales contiennent des liants à base de résine urée-formol ou phénol-formol et des inhibiteurs de poussières dont les effets chroniques sont difficilement appréciables. Elles sont fréquemment responsables d'irritations de la peau et des voies respiratoires. En outre, les fibres minérales artificielles sont, de par leur faible diamètre, très difficiles à éliminer par les poumons. Leur persistance serait un facteur déterminant dans l'apparition de certains cancers pulmonaires.

Au niveau environnemental, leur coût énergétique est élevé. Leur prix de vente est, lui, très compétitif – en tout cas par rapport à celui de la plupart des isolants naturels du commerce – du fait de leur production en masse.

Les autres isolants minéraux

La vermiculite exfoliée

C'est un minerai de la famille des micas. Les principaux gisements se trouvent en Afrique du Sud et aux États-Unis ; il n'y en a pas en France.

Le produit exfolié est obtenu par un traitement thermique (exfoliation) assez gourmand en énergie. Matériau incombustible, imputrescible et non toxique, il peut être utilisé en vrac dans les plafonds, les combles, doublages... et en sous-couche de chape flottante. Il est également disponible en panneaux.

La perlite exfoliée

C'est une roche d'origine volcanique broyée puis expansée thermiquement au four pour obtenir des grains déshydratés en perles de diamètres variés contenant de l'air. Ce matériau a des qualités et des utilisations voisines de celles de la vermiculite.

L'argile expansée

Il s'agit d'argile séchée, réduite en poudre et reconstituée en billes expansées par traitement thermique au four. Ses qualités et ses utilisations sont comparables à celles de la perlite.

Les isolants synthétiques

Les polystyrènes expansés ou extrudés et les mousses polyuréthanes sont fabriqués à partir du pétrole. Leur coût énergétique est très important. Très combustibles, ils dégagent, en cas d'incendie, des fumées denses contenant des gaz toxiques et asphyxiants. Devenus déchets, on ne sait qu'en faire. Finalement les reproches sont nombreux à l'égard de ces produits dont le seul avantage est d'être des isolants – thermiques, mais pas acoustiques – efficaces.

Les isolants végétaux

C'est cette catégorie d'isolants qui a la préférence des écoconstructeurs. Tous répondent, en effet, aux principaux critères de la construction écologique.

Le chanvre

Le chanvre est une plante annuelle à croissance rapide qui était énormément utilisée jusqu'au siècle dernier pour la fabrication de cordes, de voiles mais aussi de textiles et de papier. Elle pousse dans des endroits variés, se satisfaisant de sols pauvres et humides, et se cultive facilement sans nécessiter de pesticides ou d'engrais.

Dans le chanvre, tout est utilisable. Des graines, on tire l'huile de chanvre, utilisée entre autres pour l'alimentation, les cosmétiques et les peintures à l'huile. Les feuilles peuvent être compostées ou servir de litière. Après défibrage mécanique de la plante, la fibre est utilisée dans l'industrie textile ou papetière et le résidu cellulosique – la chènevotte – fournit un isolant de qualité, utilisé en vrac ou sous forme de laine de chanvre, ou encore mélangé à de la chaux comme matériau de remplissage.

Les isolants tirés du chanvre

La **laine de chanvre**. Sous forme de rouleaux et panneaux semi-rigides, elle satisfait aux mêmes usages que la laine de verre ou la laine de roche : isolation du toit, des murs, des planchers.

Le **chanvre en vrac**. Il est utilisable :

– pour l'isolation d'un plancher entre des solives par déversement ou soufflage. Cette dernière technique permet de réaliser l'opération en ne démontant qu'une partie d'un plancher déjà existant ;

– dans une cloison ou un doublage par déversement ou soufflage si la cloison est déjà montée ;

– dans les combles, avec en partie supérieure un papier microporeux agrafé sur le côté des chevrons et sous les liteaux, toujours par déversement ou par soufflage ;

– dans un faux plafond ;

– comme isolant en sous-couche de chape flottante humide (béton) ou sèche (dalles de sol), voir p. 77.

Le chanvre peut enfin être utilisé **en conglomérat** pour réaliser des murs isolants non porteurs en complément d'ossature, avec des techniques similaires à celles du mur en pisé ou du torchis. Il entre dans la composition du mortier isolant chaux-chanvre et permet également la construction de dalles, de chapes, d'enduits isolants...

On le trouve enfin sous forme de briques non porteuses faites à partir d'un mortier de chanvre et de chaux. Pour les murs extérieurs, elles s'allient à une ossature. En intérieur, elles peuvent faire office de cloisons.

Les matériaux à base de chanvre, comme la plupart des matériaux d'origine végétale, doivent subir un traitement ignifuge et hydrofuge. Celui-ci diffère selon les fabricants : injection de résine, imprégnation aux sels de bore et silicates, etc.

En termes d'efficacité, « les produits à base de chanvre présentent des qualités d'isolation thermique et acoustique indiscutables et confirmées par des essais en laboratoire[6] ».

La ouate de cellulose

La ouate de cellulose est obtenue par recyclage de papier et de carton sélectionnés et broyés. Les fibres sont généralement ignifugées et traitées contre les parasites par du sel de bore. Elle est utilisable en vrac, déversée ou soufflée, pour l'isolation des toitures, planchers, murs. On la trouve également en panneaux.

Les panneaux en fibres de bois

Ces panneaux de faible densité sont réalisés en fibres de bois séchées et en principe auto-agglomérées. Les fabricants développent des panneaux adaptés pour l'isolation des sols, murs, plafonds, planchers, toitures. Ils représentent un débouché intéressant pour les déchets des scieries et éventuellement pour les déchets de bois du bâtiment s'ils sont exempts de produits de traitement.

Le liège expansé

Le liège expansé provient de l'écorce du chêne-liège triturée puis expansée à la vapeur d'eau. Il est disponible en vrac ou sous forme de panneaux. Les panneaux sont théoriquement obtenus par auto-agglomération, avec pour liant la résine de l'arbre. Le chêne-liège

6. *Les Cahiers techniques du bâtiment*, n° 207, mai 2000, « Les différentes utilisations de la fibre de chanvre », p. 30.

offre l'avantage de reconstituer sa couche protectrice lorsqu'elle lui a été enlevée. Au cours de sa vie, un chêne-liège peut fournir une dizaine de récoltes. Cet isolant est imputrescible et ne craint pas l'eau ; les usages sont nombreux : isolation des murs, cloisons, toitures, planchers, plafond, sous-couche de dalles.

Le lin

L'utilisation du lin remonte très loin dans l'histoire, puisqu'il était cultivé dans l'Antiquité au Moyen-Orient. Ce sont les Romains qui lui ouvrirent les portes de l'Europe du Nord. Utilisé jadis exclusivement pour la fabrication de tissus, on le retrouve aujourd'hui comme isolant écologique. Il est disponible sous forme de panneaux semi-rigides et en rouleaux pour tout type d'isolation. Il est habituellement traité contre les parasites par du sel de bore et contre les moisissures par du silicate de sodium.

La laine de mouton

En vrac, en bandes ou en rouleaux, elle est utilisable pour l'isolation des murs, toitures, cloisons, planchers... Elle est généralement traitée contre les mites avec un insecticide et contre les champignons avec du sel de bore.

Les fibres de coco

Issues de la noix de coco, elles se présentent en vrac pour le calfeutrement, en bandes pour supprimer les ponts thermiques et acoustiques, en rouleaux ou en panneaux semi-rigides pour les dalles, murs, cloisons ou toits.

Les panneaux composites

Cellulose et fibres végétales

Les panneaux rigides en cellulose recyclée et fibres végétales se présentent bruts, cartonnés, ou encore contrecollés d'une plaque de plâtre. Ils peuvent, entre autres, être utilisés en doublage et pour la construction de cloisons.

Gypse renforcé de fibres de cellulose

Certains panneaux fabriqués à partir de gypse renforcé de fibres de cellulose sont utilisables pour les cloisons et les doublages.

Les matériaux d'isolation écologiques sont de plus en plus nombreux et adaptés à tout type d'isolation. Ils se présentent sous des formes toujours plus élaborées qui rendent simple leur mise en œuvre. Leurs qualités de tenue dans le temps, de résistance au feu, aux nuisibles, d'ores et déjà satisfaisantes, s'améliorent sans cesse. Il n'y a guère que leur prix d'achat, aujourd'hui encore élevé en France, qui pose un véritable problème.

Mais, comme on l'a vu précédemment, ces matériaux écologiquement plus respectueux consomment moins d'énergie à la fabrication. Au stade de déchet, ils ne nécessitent pas de traitements coûteux car beaucoup d'entre eux sont, au moins en partie, biodégradables.

On peut espérer que tôt ou tard, sous les pressions environnementales, qui influent sur la demande des consommateurs, les prix des matériaux non écologiques finiront par refléter leur véritable coût socio-écologique.

Déjà, dans d'autres pays d'Europe, l'Allemagne par exemple, les écomatériaux, de plus en plus demandés, commencent à devenir compétitifs et à prendre une place importante.

L'acoustique

Le bruit représente, actuellement, pour les Français, la principale nuisance occasionnée par le milieu urbain. Bruits de circulation automobile, de travaux, de voisinage, sirènes sont autant de sources sonores qui font de la ville un lieu agressif et stressant. Les effets du bruit sur la santé sont aujourd'hui de mieux en mieux connus. Même si certains pensent être accoutumés au bruit, l'organisme, lui, ne s'y habitue jamais. Perturbation du sommeil, fatigabilité, irritabilité, mais aussi accélération du rythme cardiaque, troubles gastro-intestinaux, élévation de la tension artérielle, rétrécissement du champ visuel et diminution de la perception des couleurs sont autant de symptômes engendrés par l'exposition chronique aux bruits de la ville.

Malheureusement pour le citadin, il ne peut échapper au vacarme ambiant lorsqu'il sort de chez lui. Isoler phoniquement son habitat prend alors toute son importance si l'on souhaite se ménager un havre de paix sonore.

Mais là encore, il faut prendre en compte la singularité de chacun. Confort acoustique ne signifie pas silence total dans la maison. Un lieu totalement silencieux est aussi insupportable qu'un endroit trop bruyant : le bruit, c'est aussi la vie.

Son ou bruit : de quoi s'agit-il ?

Quelle est la différence entre un son et un bruit ?

Cette distinction est de nature psychologique, le bruit pouvant être défini comme un son que l'on ne veut pas entendre.

Lorsqu'on parle de son ou de bruit, il faudrait, pour être plus rigoureux, parler d'onde sonore. L'onde sonore est issue de la vibration d'une source. Elle prend la forme de légers changements de pression atmosphérique et se déplace dans l'air, mais aussi dans la matière. Elle transite par l'oreille jusqu'au tympan qu'elle fait vibrer. De cette vibration naît un message nerveux transmis au cerveau puis traduit, devenant ainsi une information intelligible.

Cette onde est caractérisée par trois éléments :

– La durée de son émission ;

– Sa fréquence (exprimée en hertz – Hz), qui correspond au nombre de vibrations par seconde perçues par l'oreille ou l'appareil de mesure. L'être humain est généralement sensible à des fréquences comprises entre 20 Hz et 16 000 Hz, mais certaines personnes à l'ouïe fine peuvent dépasser ces valeurs seuils. Les sons les plus graves sont ceux qui ont la plus faible fréquence, les plus aigus ayant la plus forte. Au-dessous de 20 Hz, ce sont les infrasons, perçus par certains animaux, par exemple les éléphants. Au-dessus de 16 000 Hz, se sont les ultrasons, audibles par les chauves-souris, les dauphins, les chiens. Un son pur est caractérisé par une fréquence unique. Un bruit peut être appréhendé comme la somme d'une multitude de sons purs de fréquences et d'intensités différentes. Il ne correspond pas à une fréquence définie mais couvre une gamme de fréquences ;

– Son intensité : elle diminue lorsqu'on s'éloigne de la source et au fil des obstacles rencontrés par l'onde sonore. Comme nous l'avons vu, une onde sonore n'est qu'une succession de petites variations de pression atmosphérique. Plus ces variations sont importantes, et plus l'intensité du son ou du bruit est grande.

Un niveau de bruit s'exprime en décibels (dB). L'oreille n'a pas la même sensibilité suivant les individus et les différentes fréquences. Elle perçoit mieux les médiums (entre 500 Hz et 5 000 Hz). C'est pourquoi, jusqu'à présent, la France et quelques autres pays européens utilisaient un système de pondération fondé sur la physiologie de l'audition. Le décibel était pondéré en fonction de la fréquence d'un bruit pour atténuer les écarts entre un bruit mesuré par un appareil (sonomètre) et le même bruit perçu par l'oreille. L'intensité d'un bruit après correction s'exprimait en dB(A) ou décibels acoustiques.

Désormais, l'entrée en vigueur des normes acoustiques européennes, va modifier la donne. Le dB(A) n'existe officiellement plus et il est remplacé par le décibel standard, c'est-à-dire non pondéré. Pour le particulier, les changements sont minimes. Pour notre part, pour des raisons de clarté et de simplicité, nous avons tenu à garder l'unité dB(A) dans certaines parties de ce chapitre.

ÉCHELLE DU BRUIT (EN dB)

Proche du silence
20 dB(A) chuchotement

Bruits légers
35 dB(A) réfrigérateur
50 dB(A) conversation à voix normale

Bruits gênants
70 dB(A) réfectoire bruyant

Bruits fatigants
80 dB(A) rue à grande circulation

Bruits dangereux
100 dB(A) discothèque, marteau-piqueur à 3 m

Seuil de douleur
130 dB(A) moteur à réaction plus ou moins proche

+ 150 dB(A) paralysie et mort

L'ISOLATION ACOUSTIQUE

On distingue deux types de bruits : les bruits dits « solidiens », et les bruits aériens.

L'isolation acoustique aux bruits solidiens

Les bruits solidiens ont pour origine un choc (bruit d'impact : chute d'objet, bruit de pas) ou une mise en vibration directe de la structure (bruits d'équipement : ascenseur, chaufferie). Ces bruits se propagent plus ou moins rapidement selon le matériau conducteur.

Dans une habitation, les bruits aériens (émis, par exemple, par la voix ou par une voiture) se transforment en bruits solidiens après avoir franchi les murs.

Ce sont souvent les bruits d'impacts qui sont les plus gênants. Pour éviter d'engendrer ce type de bruits, il faut adopter un revêtement de sol « mou », de type moquette. Il est également possible de mettre en place un système de chape, de plancher ou de parquet flottant. La méthode consiste à désolidariser la chape, le plancher ou le parquet de la structure porteuse en intercalant un isolant. Pour une chape et un plancher, un isolant semi-rigide est adapté. Pour un parquet, des plaques de liège expansé ou des panneaux de fibres de bois sont utilisables.

EXEMPLE DE CHAPE FLOTTANTE

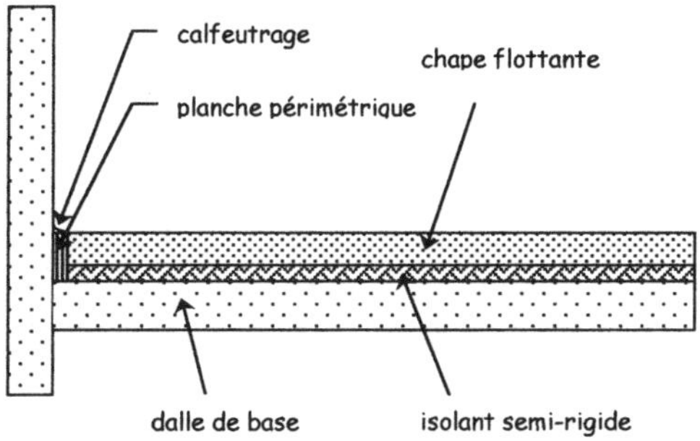

L'efficacité d'un revêtement de sol était évaluée avec l'indice DL qui s'exprime en dB(A). Plus cet indice est élevé, plus le matériau est performant. Il devrait être remplacé par l'indice DL_w exprimé en dB.

En ce qui concerne les bruits solidiens générés par des équipements (chaudières, pompes), il est possible de désolidariser l'équipement de la structure porteuse en intercalant des plots antivibratiles au niveau des points de fixation ou de faire reposer la machine sur un socle antivibratile (type chape flottante).

L'isolation acoustique aux bruits aériens

Il existe trois techniques d'isolation :

– La mise en place d'une paroi de séparation simple et homogène. Ce peut être un mur ou une cloison. Dans ce cas, les performances d'isolation dépendront essentiellement de la masse surfacique du matériau utilisé. À épaisseur égale, ce sera la paroi la plus lourde qui sera la plus isolante ;

– La mise en place de parois doubles séparées par un isolant ;

– Le doublage des parois existantes.

En termes d'isolation, la performance acoustique d'un matériau était donnée par l'indice d'affaiblissement acoustique R qui s'exprimait en dB(A). Plus il est élevé, plus le produit est isolant. Il est remplacé par un indice R_w(C, Ctr) exprimé en dB. C et Ctr sont des termes correctifs permettant d'obtenir un indice pondéré.

Toutefois, ces indices sont des moyennes sur toute une gamme de fréquences. L'efficacité d'un système isolant sera donc différente selon que le bruit se situe plutôt dans les graves ou dans les aigus (en général, ces derniers seront beaucoup plus faciles à arrêter).

De plus, toutes les parois ont un défaut d'isolement pour une fréquence donnée. Les acousticiens parlent de fréquence critique. Ainsi, pour certains bruits, l'indice d'affaiblissement acoustique d'une paroi peut chuter parfois de 10 dB.

Le même type de problèmes se pose pour les systèmes à paroi double. En plus des fréquences critiques propres à chacune des deux parois, il existe une fréquence de résonance pour laquelle l'indice d'affaiblissement acoustique chutera aussi.

Si une paroi a une fréquence de résonance comprise entre 125 Hz et 4 000 Hz, elle ne pourra pas atténuer suffisamment de nombreux bruits courants, dont les bruits de conversation par exemple.

Calculer à l'avance l'isolation acoustique globale attendue dans une pièce est donc loin d'être simple. L'association et l'agencement de différents matériaux rendent l'équation complexe. Les masses, l'épaisseur d'une couche d'isolant ou des parois qui l'enferment sont autant d'éléments à prendre en compte. La présence d'un simple défaut de mise en œuvre, d'une fenêtre ou d'une porte mal isolée peut compromettre l'indice global attendu. Ajoutez à cela les phénomènes de résonance et de fréquence critique, et le problème devient un véritable casse-tête !

EXEMPLE D'UNE PAROI DOUBLE

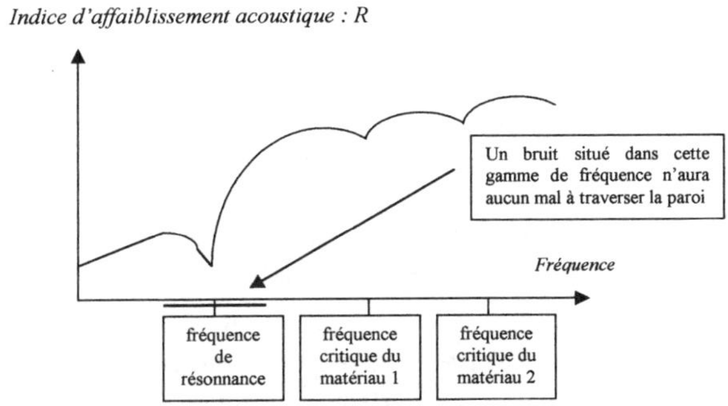

Mettre en place une isolation acoustique performante n'est donc pas chose facile, et c'est souvent à force de travaux et de petites modifications que l'on trouve la bonne formule. Toutefois, un certain nombre de mesures simples en quelques points stratégiques évitent les pires déconvenues.

Les fenêtres

Elles sont fréquemment responsables de la mauvaise isolation d'un bâtiment. Changer une fenêtre qui laisse passer de l'air ou isoler un châssis à l'aide d'un joint de calfeutrement suffit souvent à faire d'une pièce un lieu préservé des bruits extérieurs. L'épaisseur du vitrage est également importante pour aboutir à un résultat satisfaisant.

Pour une bonne isolation on peut utiliser :

– Les vitrages épais (au moins 8 mm). C'est une bonne solution, mais il faut vérifier la solidité des fenêtres avant la pose, car ils ont l'inconvénient d'être lourds ;

– Le double vitrage asymétrique thermo-acoustique. Attention, un double vitrage thermique (deux glaces de même épaisseur encadrant une lame d'air) a un isolement acoustique inférieur à un vitrage simple de même épaisseur.

La robinetterie

Il existe des robinets silencieux. Leurs performances acoustiques sont indiquées par un indice Ds. Plus cet indice est élevé, plus le robinet est silencieux.

Les appareils électroménagers

Certains fabricants commencent à indiquer le niveau sonore des appareils électroménagers sur l'étiquette « énergie » (information pour l'instant facultative). L'indice fourni par le fabricant évalué en dB(A). Plus cet indice est élevé, plus l'appareil est bruyant.

L'ACOUSTIQUE INTÉRIEURE

Pour bénéficier d'un environnement acoustique agréable dans un logement, le simple fait de l'isoler des bruits extérieurs n'est pas suffisant. Il faut également créer une ambiance intérieure agréable. La qualité acoustique d'une pièce va dépendre directement de ce que les acousticiens appellent le « temps de réverbération ». Cette donnée correspond au temps qui s'écoule entre l'instant où une source sonore cesse d'émettre et celui où l'intensité acoustique chute de 60 dB.

Autrement dit, un temps de réverbération faible sera caractéristique d'un local sourd, c'est-à-dire où le son décroît rapidement. Si au contraire il est élevé, on observera un phénomène d'écho. Selon la vocation d'une pièce, la réverbération sera ou non recherchée. Dans une église ou une salle de spectacle, elle sera essentielle ; dans une école, elle sera synonyme de bruit de fond continuel. Quoi qu'il en soit, une pièce trop sourde ou avec trop d'écho sera désagréable à vivre.

Le temps de réverbération dépend du volume du mobilier et des matériaux qui constituent les murs du local. Ainsi, chaque matériau est caractérisé par un **coefficient d'absorption**. Plus il est élevé, plus le matériau est absorbant. Ce coefficient est généralement plus élevé pour les aigus que pour les graves. Les matériaux « mous » sont les plus absorbants, les « durs » étant plus réverbérants.

Les isolants acoustiques écologiques

Le liège

Les performances d'isolation acoustique du liège se limitent essentiellement à l'absorption des bruits d'impact. Ce matériau est utilisable :

– sous forme de plaques, en sous-couche pour un parquet flottant ;

– sous forme de parquet flottant incluant une sous-couche et finition ;

– sous forme de dalles en liège massif à coller.

Attention, certaines plaques sont agglomérées avec des colles de composition douteuse, aussi est-il nécessaire de bien se renseigner.

La fibre de bois

Sous forme de panneaux, la fibre de bois est efficace contre les bruits d'impact sous plancher et chape flottante. Les panneaux en fibre de bois ne sont normalement constitués que de fibres compactées collées entre elles par la résine du bois.

Les sols en linoléum

Fabriqués à base de farine de bois et/ou de liège, de résines naturelles et d'huile de lin, le véritable linoléum absorbe bien les bruits d'impact.

Le mortier chaux-chanvre

Le mortier chaux-chanvre est dense et agit sur les bruits aériens ; de plus, les fibres végétales absorbent les bruits d'impact. Il est également utilisable en correction acoustique des pièces trop réverbérantes.

La fibre de coco

La fibre de coco se présente sous forme de bandes à mettre sous les lambourdes d'un parquet, ou à la jonction entre un parquet et une cloison, par exemple, pour éviter la transmission des bruits d'impact.

En vrac, elle est utilisée pour les calfeutrements. En rouleaux ou en panneaux, elle est utilisable pour l'isolation des murs ou des parois contre les bruits aériens, et en sous-couche de chapes ou de planchers flottants contre les bruits solidiens.

Les laines de lin, de chanvre et de mouton

Ces matériaux sont utilisables aussi bien en isolation acoustique aérienne, dans une paroi ou un doublage, qu'en isolation solidienne pour une chape ou un plancher flottant.

La cellulose

La cellulose peut être mise en vrac, injectée dans un doublage ou entre deux cloisons. Les applications sont nombreuses, aussi bien pour l'isolation que pour la correction acoustique.

Un bon isolant acoustique est généralement un bon isolant thermique ; l'inverse n'est pas toujours vrai. Par exemple, le polystyrène et le polyuréthane sont des isolants thermiques largement utilisés, mais de très mauvais isolants phoniques. Les laines de lin, de chanvre ou de mouton compressées sont de bons isolants thermiques et acoustiques.

Les toitures

En ardoise naturelle comme en Bretagne ou dans les pays de Loire, en lauzes comme dans le Cantal, les Cévennes et l'Aveyron, en tavaillons dans le Jura ou encore en chaume, chaque région a eu – et parfois a encore – ses toits traditionnels aux formes si particulières. À quoi étaient dues ces singularités régionales dans le choix des matériaux ? Tout simplement au fait qu'auparavant, pour construire sa maison, les matériaux naturels locaux étaient les seuls disponibles. À l'époque de la charrette, personne n'aurait fait des centaines de kilomètres pour trouver autre chose, faute de temps et d'énergie à gaspiller. Aujourd'hui, les matières premières, autrefois utilisées directement, ont été remplacées par des produits manufacturés, fabriqués en grandes quantités, et que l'on peut se procurer à peu près n'importe où. Certains d'entre eux, comme la tuile en terre cuite, pour ne parler que des toitures, sont des matériaux de qualité, peu polluants. Ils ont eu le mérite de remplacer le chaume, sensible au feu, et la lauze, très peu isolante. C'est la raison pour laquelle le bâti tend aujourd'hui à s'uniformiser et les spécificités régionales à disparaître, et avec elles une certaine partie de notre patrimoine.

Nous allons présenter ici des matériaux de couverture écologiquement satisfaisants, ainsi qu'un principe original et intéressant : les toits végétalisés. Pour ce qui concerne les charpentes, nous nous contenterons de préciser que le matériau bois pas traité, ou « convenablement » traité, est préférable au métal, en raison notamment de l'important coût énergétique de ce dernier.

Les différents matériaux de couverture

L'ardoise

L'ardoise naturelle est une pierre naturelle schisteuse. En France, le principal gisement est en Anjou. Elle est utilisée depuis le XIe siècle au moins, et de façon massive à partir du XVe siècle.

Elle offre l'avantage d'être parfaitement imperméable (attention toutefois à la mise en œuvre), très stable à l'acidité, et incombustible. À l'origine, les ardoises étaient clouées. Depuis la fin du XVIIIe siècle, elles sont fixées par des crochets en acier inoxydable ou galvanisé, ou en cuivre. Les éléments sont posés indépendamment les uns des autres et se recouvrent partiellement, assurant ainsi l'étanchéité de la couverture. La pente du toit et les conditions climatiques vont déterminer l'importance du recouvrement.

> **Pour information**
> **D'autres produits utilisés en couverture portent le nom d'ardoises. Il s'agit des ardoises en fibres-ciment, matériau aux caractéristiques très éloignées de celles d'un matériau écologique.**
> **Leur fabrication est très gourmande en énergie et l'incinération en cimenterie des déchets, parfois très toxiques, génère une pollution importante. En ce qui concerne les fibres, il ne s'agit heureusement plus d'amiante mais généralement de fibres de cellulose et d'alcool polyvinylique de diamètre plus important ; elles sont donc *a priori* beaucoup moins dangereuses. L'alcool polyvinylique reste un produit chimique de synthèse dont l'impact sur l'environnement et sur la santé, à tous les stades de son cycle de vie, est difficile à appréhender.**

Les tuiles

Il s'agit là d'un matériau très ancien. Les anciens Grecs en fabriquaient déjà. Elles étaient également utilisées par les Romains et dans la Chine médiévale. Aujourd'hui, les tuiles de terre cuite sont produites de façon industrielle.

De manière globale, les tuiles rondes ou canal se rencontrent dans le sud de la France où les toits sont peu pentus. Sur les toits très inclinés du Nord, on rencontre surtout des tuiles plates.

Pour les couvertures en tuiles plates, l'étanchéité est assurée par recouvrement des tuiles amont sur les tuiles aval. Les tuiles sont munies à leur extrémité supérieure de butées ou de crochets qui permettent l'accrochage aux liteaux. Elles peuvent être également clouées. Il existe une gamme importante de tuiles qui varient selon la taille, la forme (rectangulaire, en écaille) et l'usage particulier (éléments spéciaux pour les angles, tuiles de rive, faîtières...).

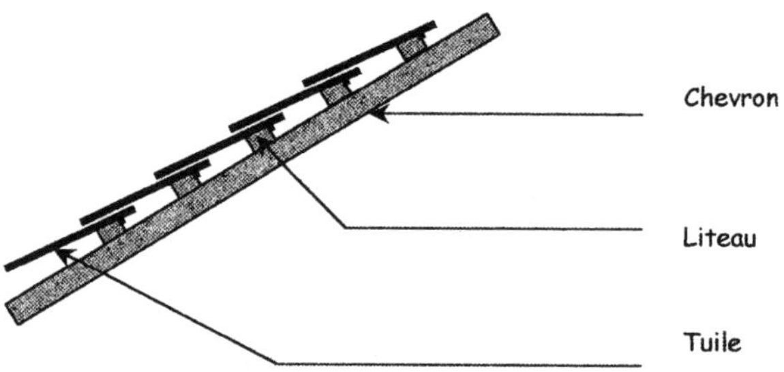

La tuile canal est un élément de couverture, de forme tronconique. Le même élément sert de tuile de courant ou de couvert. La pose peut se faire sur voliges, sur bardeaux de terre cuite ou encore sur chevrons triangulaires, de différentes façons. Ces tuiles sont également utilisées pour construire des génoises, corniches décoratives constituées de plusieurs rangs de tuiles superposées.

Il existe une tuile canal perfectionnée appelée « tuile stop » : les tuiles de courant et de couvert sont munies d'ergots qui forment une butée et n'ont pas la même forme. Seules les tuiles de couvert conservent l'aspect tronconique des tuiles canal traditionnelles. Elles peuvent être posées comme des tuiles plates sur un lattis formé de liteaux de bois fixés perpendiculairement à des chevrons.

D'autres types de tuiles sont également disponibles, comme les tuiles à emboîtement ou à glissement, conçues pour assurer une étanchéité sans faille grâce aux cannelures et nervures s'emboîtant les unes dans les autres. Elles se posent, elles aussi, sur un lattis de chevrons et de liteaux de bois.

POUR INFORMATION
On trouve aujourd'hui à la vente des tuiles en béton. Ce sont des tuiles à base de mortier de ciment façonnées, traitées et colorées. Nous les déconseillons compte tenu des problèmes environnementaux posés par la fabrication du ciment et parce que les tuiles en terre cuite représentent une solution alternative satisfaisante. Par ailleurs, les traitements subis et les colorants employés à divers stades de la fabrication ne sont peut-être pas totalement sans danger pour la santé et pour l'environnement.

Le bois

L'élément de couverture en bois le plus célèbre est sans doute le tavaillon du Jura. Il porte le nom d'« essis » dans les Vosges, d'« essendole » en Chartreuse, d'« anselle » en Franche-Comté ou de « bardeau » dans d'autres régions. Ce sont des planchettes de bois (chêne, mélèze, châtaignier ou encore épicéa, moins durable), que l'on cloue sur une ossature en les faisant se chevaucher. Matériau de revêtement traditionnel, fabriqué par l'autoconstructeur autrefois, les tavaillons sont aujourd'hui disponibles dans le commerce.

Le tavaillon peut être également utilisé en bardage extérieur, donnant un style résolument rustique.

Aujourd'hui, les matériaux de couverture sont multiples. Pour être à peu près exhaustif, il faudrait citer, en plus des matériaux décrits précédemment, les couvertures métalliques, les shingles en voiles de verre ou en feutre asphaltés et même des membranes en PVC. Ce sont des matériaux peu intéressants d'un point de vue écologique.

Les toitures végétalisées

Le végétal vivant comme matériau de couverture, l'idée à de quoi surprendre. Pourtant, ce concept n'a rien d'excentrique. Ni l'idée, ni ses applications ne sont nouvelles, les célèbres jardins suspendus de Babylone en sont la preuve.

Mais c'est au XXe siècle que ces toitures végétalisées se sont développées de façon importante. Les pays scandinaves, puis plus tard la Suisse et l'Allemagne ont fait office de précurseurs. Depuis la fin des années 1980, ce type de toit fait son apparition çà et là en France.

À quoi ressemble un toit végétalisé ? Il en existe de trois sortes, selon le type de végétation choisi : intensive, semi-intensive ou extensive.

Les toitures à végétation intensive

Pratiquement semblables en tout point à un jardin classique, les toitures à végétation intensive sont généralement élaborées sur une simple dalle de béton dont la pente ne doit pas dépasser 4 degrés. La dalle doit pouvoir supporter une épaisseur de substrat d'au moins 30 centimètres et résister à des charges de 500 à 2 000 kilos par mètre carré. Il est possible de laisser le toit se végétaliser seul ou de planter certaines espèces. Attention toutefois à éviter celles dont les racines menaceraient l'étanchéité. Ces toitures peuvent être utilisées à des fins récréatives, mais elles nécessitent un entretien régulier, exactement comme un jardin traditionnel. Elles sont adaptées à des constructions neuves et non en rénovation, du fait de la masse importante du substrat.

Les toitures à végétation semi-intensive

Pour les toitures à végétation semi-intensive, l'épaisseur du substrat est plus réduite (10 à 30 centimètres), de façon à limiter le poids. Ce système peut être adopté en rénovation. Ce type d'espace est lui aussi accessible et nécessite un entretien régulier. La structure subit une charge variant de 50 à 300 kilos par mètre carré et la pente du support ne doit pas excéder 35 degrés.

Les toitures à végétation extensive

Le substrat est encore moins épais (4 à 10 centimètres) pour les toitures à végétation extensive. On sèmera une végétation basse, de la mousse ou du sédum, par exemple. Vu la faible épaisseur du substrat (avec une charge normalement inférieure à 60 kilos par mètre carré), ce type de toiture peut être réalisée aussi bien en construction qu'en rénovation. La pente du toit ne doit toutefois pas excéder 35 degrés. En ce qui concerne l'entretien des végétaux, une intervention annuelle est amplement suffisante.

LES DIFFÉRENTS TYPES DE TOITURES VÉGÉTALISÉES

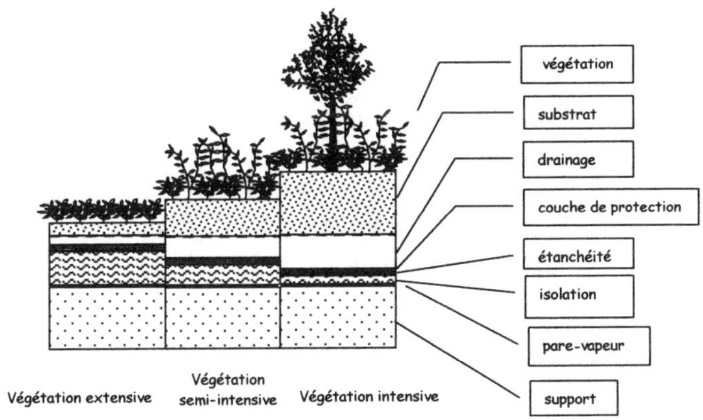

De nombreux atouts...

Au-delà de la seule considération esthétique, les toitures végétalisées offrent de nombreux avantages. Elles assurent une bonne isolation thermique : ce n'est pas par hasard si ces toitures se sont d'abord développées dans les pays d'Europe du Nord.

La couche de terre et la couverture végétale rendent ces toitures également très performantes en termes d'isolation phonique.

En zone très urbanisée, elles permettent de réguler les écoulements d'eau pluviale. Les routes, les trottoirs et les habitations empêchent l'infiltration des eaux dans le sol. Lors d'épisodes pluvieux importants, la quasi-intégralité des précipitations prend le chemin du réseau d'égout le plus proche et surcharge la station d'épuration qui, bien souvent, collecte encore eaux usées domestiques et eaux de pluie. L'installation ne pouvant épurer un tel flux, une partie de celui-ci est rejetée sans traitement dans le milieu naturel.

Sur un toit classique, les eaux de pluie ruissellent jusqu'aux chenaux, descendent dans une gouttière et rejoignent l'égout en quelques minutes. Le toit végétalisé va jouer un rôle de tampon. Il va stocker une partie des eaux, le reste s'écoulant lentement dans la terre avant d'être recueilli par les drains puis évacué. Le cheminement de l'eau sera ainsi beaucoup plus lent.

Enfin, la couverture végétale offre l'avantage de fixer une partie des polluants atmosphériques, contribuant à améliorer la qualité de l'air en ville. Bien sûr, cette amélioration ne serait notable que s'il y avait un grand nombre de réalisations dans un même périmètre.

... et quelques inconvénients

Les toitures végétalisées imposent toutefois un certain nombre de contraintes. Tout d'abord, il est impératif de prévoir dès la phase de conception du bâtiment des fondations adaptées et une structure porteuse plus solide, donc plus chère que pour une maison à toit classique (cela est surtout valable pour les toits à végétation intensive).

Ensuite, la végétation du toit demande parfois un entretien : plaisir pour certains, mais corvée pour d'autres !

Il faut préciser également que ce système à première vue très écologique ne l'est pas complètement. Par exemple, en ce qui concerne la membrane d'étanchéité, seuls des matériaux synthétiques sont utilisables. Parmi eux, il est souhaitable d'éviter le PVC, pas très satisfaisant sur le plan environnemental d'autant plus qu'il est parfois associé à des adjuvants à base d'arsenic pour limiter la prolifération des racines. Le meilleur choix serait le plastomère bitumeux[7].

Enfin, la mise en œuvre des différents éléments du toit végétalisé doit être sans faille pour éviter les problèmes d'infiltration d'eau dans le bâtiment.

Les revêtements de sol

Il existe de multiples façons de recouvrir le sol de notre habitation, que ce soit avec du carrelage en terre cuite, en faïence ou en grès, avec du bois, du liège, du linoléum, des tapis en jonc ou en coco, de la pierre...

7. Terre vivante, *Les Quatre Saisons du jardinage*, n° 118, septembre/octobre 1999.

Le carrelage

Le carrelage en terre cuite laisse passer la vapeur d'eau, contrairement aux autres types de carrelage (émaillé ou grès céram).

Avant utilisation, la terre cuite demande une protection qui doit être appliquée correctement, sans quoi l'entretien futur des carreaux peut se révéler difficile.

Le parquet bois

Pour un parquet bois, il est préférable d'utiliser du chêne, du châtaignier ou du mélèze qui sont les essences les moins fragiles.

Le parquet peut être protégé par une huile dure à base de résines naturelles. Elle permet de laisser respirer le bois tout en le rendant hydrofuge et plus résistant. On peut ensuite appliquer une couche de cire ou de vernis naturel.

Le liège

Le parquet liège existe sous forme de dalles et se pose comme un parquet flottant. On le trouve dans le commerce, soit brut, soit avec une finition teintée vernie ou cirée.

Le linoléum

Le linoléum naturel, monté sur une toile de jute, est fabriqué à base de farine de bois et de liège, d'huile de lin et de pigments naturels. Contrairement au « linoléum » plastique, il a l'avantage d'être isolant acoustique, bactéricide, antistatique, respirant. Il se présente sous forme de dalles ou en lés.

Les traitements du bois

Le bois, utilisé depuis toujours pour la construction, n'a certainement jamais été autant traité avec des insecticides et des fongicides de synthèse que de nos jours. Cela est dû à l'utilisation massive des résineux qui sont plus sensibles à l'attaque des insectes xylophages, ainsi qu'à une mauvaise préparation du bois qui contient encore une couche d'aubier...

Tout futur propriétaire d'une maison souhaitera s'assurer de la solidité et de la pérennité des éléments en bois, surtout lorsqu'il s'agit d'éléments porteurs (charpente, ossature). Or, s'il est assez aisé de trouver des solutions écologiques pour la peinture et les enduits, il n'en est pas de même pour le traitement du bois.

Toutefois, quels sont les véritables risques ? Le bois doit-il être forcément protégé ? Existe-t-il des produits efficaces et non toxiques ?

Les traitements écologiques possibles présentés ici concernent uniquement ce que l'on appelle les bois indigènes (par opposition aux bois exotiques), c'est-à-dire ceux que l'on trouve dans la forêt française.

Le bois

Le bois est composé de trois parties, de l'extérieur à l'intérieur : l'écorce, l'aubier, et le bois parfait ou duramen. Selon les essences, aubier et duramen sont ou non de couleur différente et, dans ce cas, nettement distincts.

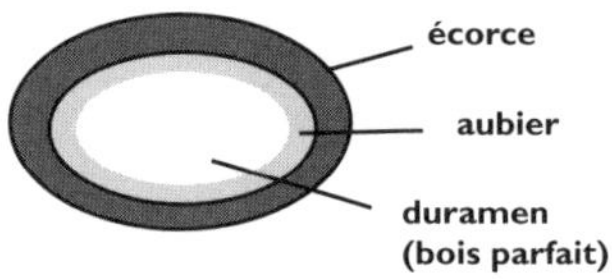

Si l'aubier est distinct du duramen, le bois résiste mieux aux parasites. Le duramen ne comporte plus de cellules vivantes.

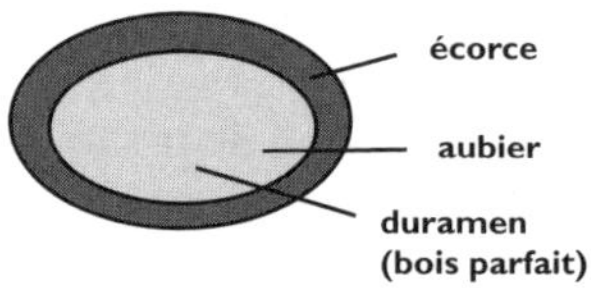

Si l'aubier n'est pas distinct du duramen, le bois est très sensible aux parasites. Un traitement préventif et curatif est parfois indispensable dans ce cas.

Le bois fini issu d'essences peu sensibles aux insectes xylophages et aux champignons devra être à l'abri de la pluie et ne pas être exposé à une humidité constante. En extérieur, même pour ces essences, la protection contre les champignons est indispensable si l'on veut les préserver longtemps.

- **Bois indigènes ne nécessitant pas un traitement contre les insectes xylophages (sauf termites) : chêne, châtaignier, mélèze, douglas, cèdre (peu utilisé), sous réserve que l'aubier ait été correctement enlevé.**
- **Bois indigènes nécessitant un traitement contre les insectes xylophages : toutes les essences qui ne sont pas nommées ci-dessus, notamment pin, sapin, épicéa, fruitiers, hêtre, érable, frêne...**

Les insectes

Les trois principaux insectes xylophages des pays tempérés sont le termite, la vrillette et le capricorne.

Le termite

Cet insecte venu d'Afrique s'est très bien adapté au climat tempéré. En France, il y en a dans le Sud, le Sud-Ouest et même à Paris (nourriture abondante dans les caves, chaleur et humidité dans le réseau de chauffage urbain). Le termite vit en colonies sous terre et se nourrit de tout ce qui contient de la cellulose : bois, papier, tissu, fibres végétales... Vivant dans l'obscurité, il est difficilement décelable. Tous les bois peuvent être attaqués par les termites.

Pour lutter contre ces invasions, il existe plusieurs procédés agissant comme répulsifs, à base de produits toxiques. Les appâts à base d'Hexaflumuron semblent aujourd'hui le traitement le moins polluant.

Cette nouvelle technique semble efficace et présente l'avantage de détruire la termitière en bloquant la mue des insectes. Toutefois, on manque de recul pour pouvoir juger réellement de sa non-toxicité pour l'homme et l'environnement.

En résumé, il n'existe aucun traitement écologique efficace pour lutter contre les termites.

La vrillette

La larve de cet insecte creuse des galeries circulaires dans le sens du fil du bois. Si un bois porteur est très attaqué, il est préférable de le changer car sa résistance mécanique peut ne plus être suffisante.

Un traitement préventif/curatif est nécessaire pour les bois susceptibles d'être attaqués, résineux ou non (voir p. 88).

Le capricorne

Grand amateur des bois résineux, il se développe rapidement en raison de l'utilisation de plus en plus fréquente de ces essences pour la construction à toutes les altitudes. Cet insecte aime la chaleur, il vit plus rarement au-dessus de 1 200 mètres. On le détecte grâce au bruit caractéristique des larves creusant le bois. Les galeries de sortie sont ovales et remplies de sciure compactée.

Un traitement préventif/curatif est nécessaire pour les bois résineux. (À noter : le Grand Capricorne est une espèce protégée.)

Les champignons

Les champignons ne s'installent que si le bois contient au minimum 20 % d'humidité. S'il est sec, quelle que soit l'essence, il n'y a rien à craindre.

Le bois contient en moyenne :

– 6 à 12 % d'humidité dans une pièce chauffée ;
– 9 à 15 % d'humidité dans une pièce non chauffée ;
– 12 à 18 % d'humidité s'il est à l'air libre et à l'abri des intempéries ;
– 18 % et plus s'il est exposé aux intempéries.

Le traitement contre les champignons n'est donc pas utile dans une maison, à moins que la pièce soit très humide. Dans ce cas, mieux vaut essayer de ventiler la pièce correctement que de traiter.

En prévention, il faut veiller à ne pas obstruer les ventilations ni les soupiraux des caves, et à ne pas couvrir les parquets avec des matériaux étanches (revêtement plastique...).

Le mérule est un champignon particulier, car il a besoin de moins d'humidité que les autres espèces pour se développer. Lorsqu'il trouve des conditions favorables (taux d'humidité supérieur à 20 %, température entre 20 °C et 26 °C, pièce obscure), il ne met que quelques mois pour détruire complètement le bois.

Les produits de traitement

À proscrire

Le PCP et le lindane (voir p. 21).

À employer avec précaution

Les sel de bore, les pyréthrinoïdes de synthèse.

Les sels de bore (borax) sont d'origine naturelle. On les utilise pour les traitements préventifs contre les insectes.

Des précautions d'application s'imposent en cas d'utilisation à l'extérieur, car ils sont délavables en cas de pluie ou même de trop forte humidité. Aussi, dès que la pièce de bois est enduite, est-il nécessaire de la badigeonner avec un fond dur, de la cire ou un vernis naturel. Il existe des produits prêts à l'emploi à base de sel de bore et de résine naturelle.

Les pyréthrinoïdes de synthèse sont une solution de dernier recours, à n'envisager que pour des charpentes fortement attaquées, dans des combles non habités.

Pour information

Toujours au niveau curatif, il existe une technique très utilisée en Allemagne qui consiste à détruire les larves d'insectes xylophages à la chaleur. L'opération consiste à envoyer dans des greniers rendus étanches de la vapeur d'eau à 100 °C pendant une durée déterminée par l'épaisseur du bois, qui peut varier de 6 heures pour un bois de moins de 5 cm d'épaisseur à 24 heures pour des bois de 15 à 30 cm d'épaisseur.

Cette technique ne semble pas appliquée en France actuellement. Elle semble, à première vue, très intéressante. Toutefois, la consommation énergétique d'un tel procédé peut être importante. Par ailleurs, le traitement ne permet d'éliminer que les larves xylophages et n'empêche pas une future contamination du bois.

UN DÉCAPANT NON TOXIQUE POUR LE BOIS

Ingrédients :

1 kg de lessive Saint-Marc, 1 kg de farine mélangée à 10 litres d'eau

Faire bouillir le mélange quelques minutes puis badigeonner le bois à décaper.

Laisser agir 12 à 24 heures puis rincer. Recommencer l'opération plusieurs fois si nécessaire, car ce décapant n'enlève qu'une couche de peinture à la fois.

Il est difficile de traiter le bois avec des produits non toxiques pour l'homme et l'environnement. Le mieux est encore d'éviter tout traitement en choisissant une essence de bois naturellement résistante aux parasites (chêne, châtaignier, mélèze, douglas, cèdre).

Les peintures

Lumière, pénombre, mouvement, espace, exiguïté, calme... Une même pièce peut dégager des impressions différentes selon les matériaux dont elle est composée et les couleurs dont elle se pare. Les tons chauds – gamme du rouge, du jaune, de l'orange – stimulent et donnent une impression de vitalité. Les tons plus froids – gamme du bleu, du vert, du violet – sont reposants et intimes. Le brillant donne l'impression d'une pièce plus grande, le mat diminue les volumes... Bref, la couleur, au même titre que les formes ou les matériaux, est un élément qui parle à nos sens et conditionne notre vision de l'habitat. Pour donner de la couleur à notre logement, qu'y a-t-il de mieux que la peinture ? C'est un matériau plein de ressources, simple à mettre en œuvre, disponible en une infinité de teintes et qui offre un double avantage : protéger et décorer.

Mais cela ne doit pas nous faire oublier que, malheureusement, certains de ces produits sont potentiellement dangereux pour la santé. Leur emploi dans l'habitat n'est donc pas sans conséquences. Comme souvent, le risque sanitaire est associé à un risque environnemental, de la production (parfois utilisatrice de matières premières fossiles) au traitement des déchets de peinture en passant par le transport et le conditionnement. Ajouté à cela une forte consommation d'énergie grise et on obtient une formule « toutes nuisances comprises » qui aujourd'hui fait trop souvent recette !

Les composants des peintures industrielles

Pour fabriquer une peinture, quatre composants sont nécessaires : les liants, les pigments, les charges et les solvants, auxquels il faut ajouter les adjuvants.

Les liants

Ce sont des résines synthétiques. Les plus courantes sont de type vinylique et acrylique (pour les peintures en phase aqueuse généralement). Les résines alkydes se retrouvent souvent dans les peintures en phase solvant. Enfin, les résines époxydiques et polyuréthanes ne sont pas rares, bien que réservées à des applications particulières.

Ces liants synthétiques présentent de nombreux inconvénients.

Souvent très électrostatiques, ils attirent de nombreuses poussières et micro-organismes. Généralement imperméables, ils empêchent les échanges de vapeur d'eau. La régulation de l'humidité ne se fait plus correctement, d'où des développements courants de moisissures. Certains composés présents dans ces liants sont en eux-mêmes clairement dangereux pour la santé : chlorure de vinyle, épichlorhydrine (voir p. 28), polyuréthane... Les risques sanitaires relatifs à leur présence dans ces produits ne sont pas toujours clairement déterminés.

Les pigments

Ils donnent la couleur de la peinture et améliorent sa résistance. Auparavant naturels, ils sont aujourd'hui synthétiques. Ce sont par exemple le dioxyde de titane pour les blancs, les oxydes de fer pour les ocres, jaunes ou rouges, les oxydes de chrome pour le vert ou de molybdène pour les rouges et les orangés, les phtalocyanines pour les verts et les bleus...

Certains pigments sont soumis à une réglementation. Si un pigment contient plus de 0,1 % de plomb, l'étiquetage doit le mentionner.

Les pigments artificiels sont parfois responsables d'irritations respiratoires, mais c'est le plomb qui présente le plus de risques, notamment dans les vieilles habitations où les peintures sont dégradées et où les conduites d'arrivée d'eau sont parfois encore en plomb. Les écailles et poussières de peintures peuvent être ingérées par un enfant. Le plomb est alors en partie stocké au niveau des os. Si l'ingestion est répétée, des troubles neuro-comportementaux, des problèmes d'anémie ou d'insuffisance rénale peuvent apparaître (saturnisme).

Les charges

Ce sont des poudres en suspension dans le liant qui forment le squelette de la peinture.

Elles sont issues de substances minérales diverses :
- Les silicates : kaolin, ardoise, amiante, mica, bentonite ;
- Les carbonates : craie, dolomite ;
- Les sulfates de calcium et de baryum.

Les solvants

Peintures à l'huile ou peintures en phase solvant : les solvants sont des hydrocarbures aromatiques (toluène, éthylbenzène, xylène), des hydrocarbures chlorés, des alcools, éthers-alcools, esters, cétones. Les peintures glycérophtaliques font partie de cette famille.

Une couche de peinture avec solvant appliquée sur les murs et le plafond d'une pièce de 16 mètres carrés nécessite 6 kilos de produit dont 2 kilos de solvant qui seront libérés dans l'atmosphère du local, soit 50 grammes par mètre cube [8].

Peintures « à l'eau » ou peintures en phase aqueuse : contrairement à ce que l'on pourrait croire, elles contiennent également des solvants, mais en plus faible quantité. Ces peintures émettent donc moins d'odeurs, sèchent vite et permettent de laver le matériel à l'eau. Il existe deux types de peinture à l'eau :

– Les peintures à liant solubles : peintures hydrosolubles dites « en solution ». Elles nécessitent des cosolvants (10 à 20 % du poids total) qui peuvent être un alcool, de l'éthanol, ou des éthers de glycol ;

– Les peintures à liant insolubles : peintures hydrodiluables dites « en émulsion » (ou « en dispersion »). Elles nécessitent des agents de coalescence (2 à 5 % du poids total) : white-spirit, xylène. Les peintures vinyliques entrent dans cette catégorie.

Les effets néfastes des solvants sur la santé sont plus à redouter pour les peintures en phase solvant que pour celles en phase aqueuse. Le danger vient du fait que ces composés relativement volatils passent facilement d'un pot de peinture ou d'un mur à l'air libre. Ce dégagement se produit en quantité importante au cours de la mise en œuvre du produit et dans les semaines qui suivent. Il diminue lentement par la suite. Lors de l'utilisation de ces peintures, on peut noter certains symptômes : vertiges, somnolences, irritations de la peau et des voies respiratoires. Inhalés régulièrement avec d'autres composés volatils présents dans l'habitat, ces produits sont responsables de fatigues chroniques, voire de maux de tête et de gênes respiratoires. Des effets plus graves ne sont pas à exclure, bien qu'ils ne soient pas encore clairement mis en évidence.

Les adjuvants

Les adjuvants sont divers et variés : siccatifs pour séchage plus rapide, conservateurs, agents actifs : fongicides, bactéricides, insecticides...

Ils déterminent les propriétés techniques d'une peinture.

On peut citer, à titre d'exemple, le pentachlorophénol, présent dans certaines peintures antifongiques (voir p. 21) ou les amines de

8. Suzanne et Pierre Déoux, *Habitat, qualité, santé clefs en main, des bâtiments respectant l'homme et l'environnement*, Médiéco, Andorre, 1997.

neutralisation présentes essentiellement dans les peintures hydrosolubles et pouvant provoquer des gênes respiratoires.

Les peintures industrielles, bien différentes de celles utilisées il y a encore un siècle, sont un très bon exemple des polluants de l'habitat actuel. Largement employées, elles diffusent une quantité importante de composés volatils et participent activement à la pollution de l'air à l'intérieur du logement, au même titre que les colles, vernis, produits de traitement du bois et autres composés synthétiques.

Leurs impacts sur notre santé et sur l'environnement sont graves, comme le montre le schéma suivant qui présente un résumé des processus de la filière pétrochimie, dont elles sont issues.

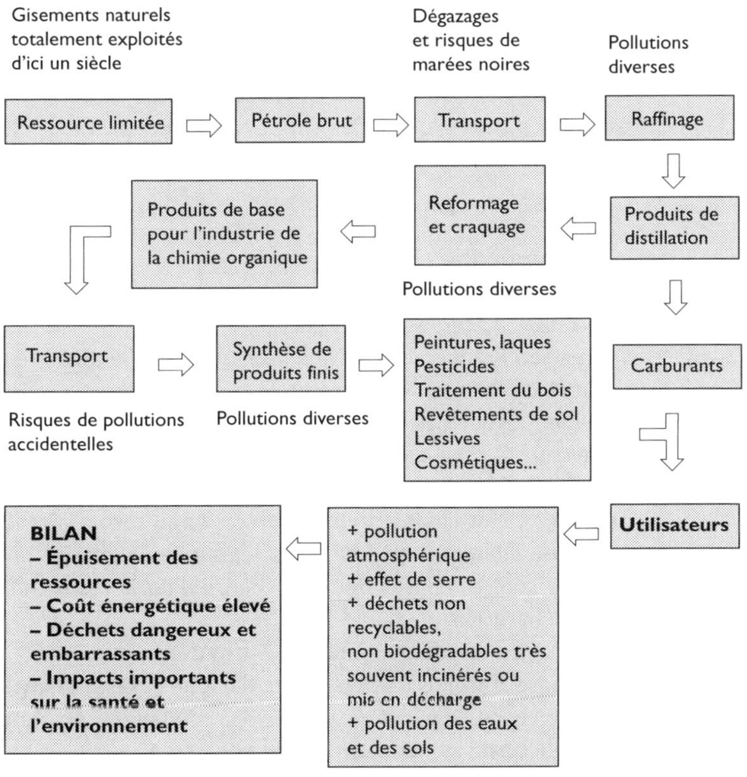

Pourquoi continuer à employer de telles marchandises alors que des produits écologiques sont disponibles sur le marché et qu'il est même possible pour le particulier de fabriquer facilement sa propre peinture écologique ?

LES COMPOSANTS D'UNE PEINTURE ÉCOLOGIQUE

Les liants

– Résines naturelles de pin, de mélèze ;

– Résine de dammar ;

– Résine de copal (extraite de variétés fossiles ou semi-fossiles d'arbres tropicaux) ;

– Propolis (résine de bourgeons de saule, de peuplier, de bouleau) ;

– Huiles végétales : huile de lin, de ricin, de bois, de carthame ;

– Silicate de potassium liquide (peinture minérale au silicate) : la composition complètement inorganique d'une peinture à base de silicate permet d'éviter le salpêtre et empêche le développement de moisissures et de bactéries. La roche liquéfiée se pétrifie lorsqu'elle est mise en œuvre sur des supports minéraux, ce qui lui confère une longévité exceptionnelle.

– Caséine.

Les pigments

D'origine minérale :

– À base de terre : les **ocres.**

C'est en France, dans le Vaucluse, qu'existe le plus gros gisement d'ocres du monde. Exploité jusqu'au début du XXe siècle, il a été remis en valeur ces dernières années. On peut retrouver son histoire au Conservatoire des ocres et pigments appliqués à Roussillon. Une ancienne usine ocrière a été réaménagée grâce à la passion de Mathieu et Barbara Barrois et au savoir-faire d'un ancien ocrier de quatre-vingt-dix ans qui n'avait pas oublié son métier. Des stages y sont organisés pour apprendre différentes techniques utilisant ce matériau ;

– À base d'oxyde de métaux : les **oxydes ;**

– À base d'argiles calcinées avec du soufre : les **ultramarines ;**

– À base de calcination du mélange alumine/chrome, alumine/cobalt, alumine/oxyde : les **spinelles**.

D'origine végétale : moins stables dans le temps que les pigments minéraux, les **teintures végétales** sont très nombreuses et donnent toutes les gammes de couleurs.

Les charges

Elles sont multiples, citons comme exemples les craies, les spaths, le talc exempt d'amiante, le quartz, la chaux, les argiles...

Les diluants

Ce sont essentiellement l'essence de térébenthine balsamique, les terpènes d'agrumes (oranges ou citrons) par distillation d'extraits de peaux d'agrumes pressées à froid.

Par rapport aux autres peintures, les peintures écologiques ont une meilleure perméabilité à la vapeur d'eau, ne favorisent pas l'accumulation des charges électrostatiques, diminuent l'attraction des poussières et des bactéries et pénètrent plus en profondeur. Les additifs sont à base de plantes – extraits de bergamote, de chrysanthème, de genièvre, de romarin – qui ont des propriétés antifongiques et insecticides. L'émulsifiant est à base de lécithine de soja.

En plus de leurs performances techniques intéressantes, les peintures fabriquées avec des produits naturels ont l'avantage de consommer beaucoup moins d'énergie grise que les peintures industrielles. Elles génèrent moins de déchets tout au long de leur cycle de vie et sont pratiquement totalement biodégradables, car les composants utilisés sont peu ou pas transformés et de nature minérale ou végétale. Ainsi les ocres, quartz, chaux, argile par exemple retournent à la terre, les extraits de peaux d'agrumes sont biodégradés...

Ces propos sont illustrés page suivante par l'exemple des résines naturelles végétales utilisées pour les peintures. On peut véritablement parler, ici, de cycle de la matière, puisque les déchets d'un jour redeviennent matière première le lendemain.

CYCLE DES RÉSINES NATURELLES

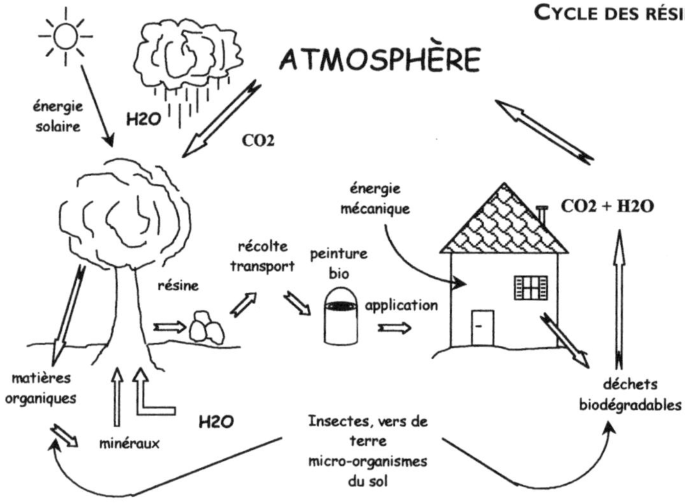

DES RECETTES SIMPLES

Peinture à la caséine et au borax

Usage

Peinture blanc mat pour plafond et murs intérieurs sur support papier peint ingrain, crépi à la chaux, plâtre. Ne pas utiliser sur le badigeon et ne pas employer dans des pièces humides (salle de bains, cuisine).

Propriétés

Résistante, lavable à l'eau, bon pouvoir couvrant.

Composition

Pour 80 à 100 mètres carrés : caséine 300 g ; eau 4,5 l ; borax 80 g ; craie 6 kg, poudre de diatomées 500 g.

Préparation du support

Le support doit être sec et résistant. Traiter les crépis très absorbants avec une sous-couche d'imprégnation.

Fabrication

– Verser dans un seau 2 litres d'eau, incorporer la caséine avec un fouet ou un malaxeur de peinture monté sur perceuse (bien dissoudre les grumeaux éventuels), et ensuite le borax. Mettre ce seau de côté et laisser reposer pendant 2 heures.

– Verser dans un autre seau 2,5 litres d'eau, mélanger la craie. Le mélange devient épais (ne pas rajouter d'eau).
– Après les 2 heures, verser le premier mélange dans le second et y incorporer la poudre de diatomées. Laisser reposer le tout pendant une demi-heure. Appliquer 1 ou 2 couches à la brosse ou au rouleau.

Teinte

Cette préparation peut se mélanger avec des pigments naturels. Le pigment doit être mouillé à l'eau de manière à faire une pâte avant d'être incorporé au mélange.

Séchage

À température ambiante, 5 heures. Il est préférable d'attendre 12 heures entre chaque couche. La caséine est dure au bout de 3 semaines. La peinture est lavable à ce moment-là.

Stockage

Cette peinture, conservée dans un seau bien fermé, doit être utilisée dans les deux jours.

Peinture à la caséine

Composition

1/3 de fromage blanc à 0 % (la graisse rendrait la peinture imperméable) ; 2/3 de chaux aérienne (CAEB) ; pigments ; eau en fonction de la consistance.

Propriétés

Résistante, non lavable à l'eau, bon pouvoir couvrant.

Peintures à la chaux

La chaux est utilisée depuis fort longtemps pour la décoration intérieure et extérieure des bâtiments. Les techniques les plus utilisées sont le chaulage, le badigeon et le stucage. Traditionnellement, on utilise de la chaux aérienne, mais l'ajout d'une quantité de chaux hydraulique (1/4 de chaux hydraulique pour 1 de chaux aérienne) permet d'avoir un enduit moins poussiéreux et moins fragile les premiers temps.

Le **chaulage**, employé traditionnellement pour les bâtiments agricoles, met en œuvre le mélange le plus épais (un volume de chaux pour un volume d'eau). Outre son utilisation pour ses propriétés désinfectantes, il permet de fixer la poussière et de boucher les microfissures.

Le **badigeon** (un volume de chaux pour deux à trois volumes d'eau) s'utilise pour colorer une surface. Il faut toutefois veiller à ne pas saturer le lait de chaux avec les colorants. Il est conseillé de ne pas dépasser 10 % du poids du liant sec pour les oxydes et 25 % pour les ocres. Le badigeon peut être passé à sec (*a secco*) ; avant de l'appliquer, il faut humidifier le support. Sur un enduit frais, il s'emploie deux à quatre heures après la couche de finition. On dit alors qu'il est exécuté à fresque (*a fresco*). Il est appliqué avec une brosse ou un pinceau, en soie de préférence, par couches croisées, en ayant soin de toujours remuer le lait de chaux avant chaque prélèvement. Le mélange peut être fixé soit en appliquant une couche de cire en finition, soit en y ajoutant de la caséine ou de l'huile de lin (cette technique demande de la pratique, il faut faire très attention aux quantités et à l'ordre dans lequel on mélange les différents éléments).

Le **stucage** est une technique utilisée pour la réalisation d'enduits et de moulures (corniches, ornementation de plafonds...). Il est composé d'un mélange de poudre de marbre blanc et de chaux. On peut remplacer le marbre par de la poussière de craie, de plâtre, de pierre de Courson ou de toute autre pierre blanche et fine. Pour homogénéiser le mélange, on ajoute parfois de la colle gélatinée à l'eau. Une fois l'enduit solidifié, il est lissé et finement poli.

Les revêtements muraux

À base de papier, de bois, de terre, de fibres végétales, de chaux, de liège... les revêtements muraux sont multiples.

Le papier peint

À l'origine véritables papiers peints avec des pigments, ils sont aujourd'hui de composition beaucoup plus variée. À éviter absolument, les papiers peints vinyliques qui sont à base de polychlorure de vinyle (PVC) et de plastifiants émettant de nombreux composés organiques volatils ; ils sont de plus étanches à la vapeur d'eau.

Les enduits terre

Les enduits à base de terre (mélange d'argile et de sable fin) sont destinés à la finition et à la décoration des murs. La présence de terre, perméable à la vapeur d'eau, permet de réguler l'hygrométrie de la pièce.

Les enduits chaux

Les mortiers et enduits préparés avec de la chaux présentent les caractéristiques suivantes :

– Perméabilité à la vapeur d'eau, ce qui permet au mur de respirer ; on obtient ainsi un bon confort à l'intérieur du bâtiment ;

– Imperméabilité à l'eau. L'enduit est peu sensible à la fissuration et sa résistance augmente au fur et à mesure de la carbonatation ;

– Ignifuges : la chaux résiste à une température de 1 800 °C à 2 000 °C. Cependant les mortiers à base de chaux ne résistent qu'à 560 °C environ car ils contiennent de la silice ;

– Bactéricides (chaulage des bâtiments agricoles) ;

Attention toutefois : la chaux attaque les métaux. Elle est corrosive pour la peau et les muqueuses lors d'un usage prolongé. Une protection est conseillée lors de sa mise en œuvre : masque anti-poussière, gants.

La coloration des mortiers et des enduits peut être obtenue en utilisant des terres naturelles, les ocres, ou des colorants métalliques plus intenses, les oxydes. La réaction chimique des oxydes et de la chaux fait que les couleurs peuvent varier dans le temps. Le pourcentage d'ocres pour teinter un enduit dépend de la composition du sable, notamment de la proportion de « fines » (éléments les plus fins). Moins il y a de « fines », plus on peut mettre d'ocres.

Le liège

Le liège composé, utilisé en décoration, se présente sous forme de rouleaux. Il est recherché surtout pour ses qualités d'amortissement des bruits d'impact.

Lors de la mise en œuvre, il faut porter un soin particulier à la colle employée pour le fixer. Il convient de s'assurer également que le liège n'a pas été aggloméré avec de la colle contenant un produit toxique et volatil à base de pétrole.

Le bois

Le bois, matériau naturel par excellence, est employé pour les revêtements muraux sous forme de panneaux ou de lames (frisette, lambris). Ce revêtement restera naturel et sain si l'on prend garde à la façon dont il est posé : il vaut mieux le clouer plutôt que le coller si l'on n'est pas sûr de la composition de la colle.

Autres matériaux

D'autres matériaux naturels peuvent être utilisés, comme le jonc de mer, le bambou, la fibre de coco, la toile de jute, le sisal, toutes sortes de tissus. Les qualités du matériau de base ne doivent pas être modifiées par un traitement non approprié (coloration avec des pigments contenant des métaux lourds, ajout de colles).

Ces revêtements ont un aspect chaleureux et rustique. Ils demandent généralement peu d'entretien. Il est à noter que tous, sauf certains tissus, proviennent de plantes cultivées dans des pays tropicaux : l'écobilan se trouve alourdi par les longs transports, sans compter que la culture de la matière première n'est pas forcément respectueuse de l'environnement.

Se chauffer, s'éclairer

L'architecture bioclimatique ou le chauffage solaire passif

Dès le Ier siècle avant notre ère, l'architecte romain Vitruve avait étudié les relations entre le soleil, le climat et l'habitat sur lesquelles repose la conception des maisons bioclimatiques actuelles.

La construction d'un habitat bioclimatique commence par l'étude de nos besoins en énergie et la mise en place de solutions qui n'en sont pas gourmandes.

Le chauffage solaire passif consiste à utiliser la chaleur du soleil directement, sans utilisation de techniques spécifiques, pour diminuer les dépenses en chauffage. La mise en place de toutes ou d'une partie des solutions suivantes permet de réduire les besoins en énergie de la maison de 30 à 50 %.

• Implanter sa maison sur un site dégagé. Les collines, les montagnes ou les maisons avoisinantes peuvent réduire l'ensoleillement.

• Ménager le plus d'ouvertures possible au sud et à l'est et les dimensionner pour utiliser le soleil au maximum, surtout l'hiver.

• Créer des espaces tampons au nord pour se protéger du froid (par exemple un garage) et des toitures froides (combles non habités).

• Installer une véranda sur la façade sud pour capter le soleil l'hiver. Pour plus d'efficacité, le mur de la maison qui va constituer la paroi du fond peut être peint en noir (à condition d'en supporter l'esthétique !). Ne pas oublier une aération en partie haute pour évacuer les excédents de chaleur et permettre une bonne ventilation, ainsi qu'un système de volets ou de stores pour éviter les surchauffes en été.

• Prévoir des avancées de toiture faisant office de « casquette » pour éviter l'échauffement en été lorsque le soleil est haut.

• Stocker la chaleur à l'intérieur de la maison avec :

– l'isolation des murs par l'extérieur ;

– l'utilisation de matériaux de construction qui ont une bonne inertie thermique (terre, mortier de chanvre, etc.), ce qui permet de stocker la chaleur le jour et de la restituer la nuit :

– l'installation de murs capteurs (murs « trombe ») : dans le cas de murs à forte inertie sans isolation rapportée, un vitrage est installé contre le mur extérieur, lequel est de préférence noir, en prenant soin de laisser un espace entre les deux parois. L'air ainsi emprisonné est réchauffé par le soleil. Cet air chaud se diffuse ensuite dans les parois du mur par un système de circulation naturelle de l'air avec des bouches d'aération en haut et en bas du mur.

La végétation fait également partie de la conception bioclimatique. On peut l'utiliser de façon à limiter les surchauffes en été : l'ombre d'un arbre à feuilles caduques du côté sud permet d'avoir de l'ombre et de rafraîchir la façade. Des arbustes à feuilles persistantes peuvent être installés pour protéger des vents du sud ou du nord.

Les énergies renouvelables

Les sources fossiles d'énergie sont aujourd'hui abondantes, mais pour combien de temps ?

Si leur exploitation continue au rythme actuel, leur épuisement sera total avant la fin du prochain siècle. Nous brûlons des richesses non renouvelables pour nos besoins immédiats sans souci du lendemain.

2045

Plus que 2 générations, **le pétrole** va s'épuiser vers 2045 (nos enfants).

2075

L'uranium va s'épuiser vers 2075 (nos petits-enfants).

2085

Le gaz naturel va s'épuiser vers 2085 (nos petits-enfants).

2700

Le charbon est plus abondant mais ses réserves immédiates n'excèderont pas quelques centaines d'années. **Le charbon** va s'épuiser vers 2700.

4,5 milliards d'années

Les énergies renouvelables, encore 4,5 milliards d'années (espérence de vie du soleil).

Source : Conférence mondiale de l'énergie, 1989.

L'extraction, les traitements et transformations, le transport et la combustion des énergies fossiles sont très polluants. Les conséquences sur l'environnement sont dramatiques : réchauffement de la planète, pollution atmosphérique avec des impacts sur la santé, catastrophes industrielles, marées noires...

ÉMISSION DE GAZ CARBONIQUE CO_2 EN FONCTION DU MODE DE CHAUFFAGE

MODE DE CHAUFFAGE	**g de CO_2 émis/KWh utile**
Chaudière au fioul	396
Chauffage électrique (convecteurs, panneaux radiants)	395 [1]
Chaudière au gaz	245
Chaudière au gaz à condensation	220
Pompe à chaleur (avec l'eau ou le sol comme source froide)	165
Solaire et chaudière gaz	140
Bois [2]	0

1. Ce chiffre élevé s'explique par le fait que, en hiver, pour faire face à la demande en chauffage, EDF met en service des centrales thermiques souvent anciennes, donc au rendement médiocre.
2. Le bilan global est quasi nul car le CO_2 produit est ensuite réabsorbé lors de la croissance des arbres.

Source : exposition « La maison des [néga]watts », Terre vivante, Mens.

Économiser les énergies fossiles et réduire la pollution sont les principales raisons qui ont motivé la France et d'autres pays d'Europe pour développer l'utilisation des énergies renouvelables.

POURQUOI UTILISER DES ÉNERGIES RENOUVELABLES CHEZ SOI ?

Leur utilisation a un impact important sur l'environnement, l'économie et la santé, puisqu'elle permet :

– de retarder l'épuisement des réserves en énergies fossiles ;

– de diminuer la pollution atmosphérique, donc de protéger l'environnement ;

– d'encourager les filières de valorisation de certains déchets comme le bois ;

– de limiter les transports d'énergie coûteux, parfois dangereux, et qui détruisent le paysage (pylônes, poteaux électriques...) ;

– de réduire la production, le transport, le stockage et le traitement des déchets radioactifs.

Toutefois, l'irrégularité de la production de l'énergie par les sources renouvelables (soleil, vent, eau) implique l'utilisation de plusieurs techniques pour le chauffage, l'eau chaude et l'installation électrique d'une habitation pour couvrir tous les besoins. Dans le cas d'un chauffage solaire, il est par exemple nécessaire de prévoir un deuxième apport comme le bois.

Le chauffage et l'eau chaude

De toutes les énergies renouvelables utilisées, le soleil est celle qui a fait l'objet du plus grand nombre d'études et d'expérimentations ces dernières années. Les installations solaires sont non seulement très efficaces, mais demandent peu de maintenance car il n'y a aucun élément mécanique mobile.

La lumière du soleil est un rayonnement électromagnétique composé de 3 % de rayons ultraviolets, de 42 % de rayons visibles, et de 55 % de rayons infrarouges. Une partie de ce rayonnement parvient au sol directement, c'est le « rayonnement direct ». Une autre partie est diffusée par les molécules de gaz et les gouttelettes liquides en suspension dans l'atmosphère, c'est le « rayonnement diffus ».

Les capteurs solaires à eau chaude

Des capteurs (panneaux) placés sur le toit, ou sur une façade bien exposée, absorbent la lumière du soleil qui se transforme alors en chaleur. Celle-ci chauffe une réserve d'eau qui circule ensuite dans des radiateurs (ou un plancher chauffant) pour le chauffage, ou que l'on stocke dans un ballon pour l'eau chaude sanitaire. Avec 1 mètre carré de capteurs, on peut chauffer 8 à 10 mètres carrés de dalle chauffante ou économiser 30 à 50 % des besoins annuels en énergie d'une personne pour le chauffage et l'eau chaude.

Comment fonctionne un capteur solaire ?

Un capteur est une surface plane noire (peinture spéciale sélective qui utilise le maximum des rayons solaires) parcourue par des rangées de tuyaux parallèles dans lesquels circule de l'eau. La surface noire du capteur absorbe la lumière pour la transformer en chaleur.

L'eau circule lentement dans les tuyaux, se réchauffe et est ensuite distribuée dans l'habitation.

Sachant qu'il est plus difficile d'atteindre des hautes températures avec l'énergie solaire et que le rendement des capteurs baisse lorsque la température d'utilisation de l'eau augmente, des spécialistes se sont orientés vers des modes de chauffage rayonnant à basse température tels que le plancher chauffant. Ainsi est né le plancher solaire direct (PSD).

Ce système est maintenant entièrement automatique, un microprocesseur gère les apports solaires et ceux d'une chaudière d'appoint en fonction des besoins en chauffage ou en eau chaude de la maison. Dès que le chauffage devient inutile, une vanne détourne l'eau chaude produite sur l'installation sanitaire. Cette installation permet un bon rendement des capteurs et le PSD distribue la chaleur à température uniforme.

Un système plus simple, et peu coûteux, est utilisé pour le chauffage de l'eau des piscines : les « capteurs moquettes ». Il s'agit de tubes en caoutchouc noir placés à même le sol ou en toiture. L'eau de la piscine circule directement à travers ces tubes. La surface de captage doit être comprise entre un quart et la moitié de celle du bassin.

Le chauffe-eau solaire

Pour l'installation d'un chauffe-eau solaire, la surface de capteurs nécessaire est faible : 3 à 4 m^2, selon la région, pour une famille de 4 personnes.

Cela permet d'économiser 50 à 70 % de l'énergie consommée pour l'eau chaude sanitaire.

Cet équipement permet d'arrêter une chaudière (au fioul par exemple) pendant les mois d'été.

Le bois énergie

La France est l'un des pays les plus boisés de l'Union européenne, derrière la Suède et la Finlande.

La forêt, après avoir été défrichée, morcelée et surexploitée, a connu un renouveau quantitatif depuis le début du XIXe siècle (remplacement du bois combustible par les énergies fossiles). Elle couvrait alors un huitième du territoire de la France actuelle.

Elle couvre maintenant 14 millions d'hectares, soit un quart du pays. C'est l'une des forêts les plus riches au point de vue écologique. En 200 ans, la superficie de la forêt métropolitaine a doublé. Aujourd'hui, elle continue de s'étendre tous les ans de 30 000 hectares. Cette expansion est due à une politique ancienne de boisement et à l'abandon plus récent de terres agricoles.

Au niveau mondial, en dix ans, la forêt tempérée a augmenté de 11 millions d'hectares tandis que la forêt tropicale a diminué de 171 millions d'hectares.

La récolte de bois est inférieure à la production biologique. Celle-ci s'accroît de 75 millions de mètres cubes par an, pour une récolte de seulement 55 millions.

On essaye de plus en plus d'appliquer une gestion durable des forêts. Les coupes à blanc sont limitées pour restreindre l'érosion, le peuplement est mélangé pour freiner la multiplication des insectes ravageurs. L'exploitation économique du bois doit se conjuguer avec le respect de la diversité biologique.

La forêt est replantée systématiquement grâce aux revenus provenant de la vente des arbres coupés. En plus de sa fonction marchande (vente du bois), la forêt offre des avantages non économiques mais tout à fait essentiels : fonction de loisir, de dépollution et équilibre des cycles biologiques. Elle permet également la protection des espèces animales et végétales typiquement forestières, du grand prédateur aux micro-organismes spécialisés dans la décomposition du bois.

Le chauffage au bois

Le bois est donc une énergie renouvelable ; il est d'ailleurs utilisé pour se chauffer depuis la nuit des temps.

Même sec, le bois contient encore de l'humidité. Dans la première phase de la combustion, l'eau s'évapore. La fumée qui s'élève au-dessus du feu est un nuage de gaz combustibles (dont la combustion produit les flammes du feu) et de gouttelettes de charbon. Les gaz s'enflamment au contact de l'air. Cette oxydation fournit de 70 à 80 % de l'énergie fournie par le bois. Une fois les gaz brûlés, il reste un résidu charbonneux qui se consume lentement et sans flammes : les braises.

Le chauffage au bois peut être utilisé :

• **Comme chauffage principal.** Lorsqu'on habite une région de production de bois, c'est un moyen efficace et économique de se chauffer.

Une chaufferie automatique à bois déchiqueté ou à granulés offre la possibilité d'une autonomie variant de plusieurs jours à plusieurs mois. Le bois déchiqueté est le résultat du broyage de rondins, de branches, de déchets de scierie... Les copeaux ainsi obtenus sont appelés « plaquettes ». Les granulés sont obtenus à partir de sciure ou d'autres déchets de scieries.

Pour des puissances inférieures à 60 kW, on peut utiliser des installations plus simples et moins coûteuses dans lesquelles l'alimentation en combustible se fait manuellement du stockage à la chaudière.

Un MAP (mètre cube apparent de plaquettes) de bois déchiqueté équivaut à 100 litres de fioul et à 75 kilos de propane. Pour un an de chauffage d'une maison de 100 mètres carrés, il faut environ 40 MAP.

Coût indicatif du kWh utile pour différents combustibles (1997)

Électricité	de	**0,084** € (0,55 F)	à	**0,114** € (0,75 F)
Propane		**0,045** € (0,30 F)		**0,060** € (0,40 F)
Fioul		**0,035** € (0,23 F)		**0,041** € (0,27 F)
Gaz naturel		**0,028** € (0,19 F)		**0,033** € (0,22 F)
Plaquettes forestières		**0,019** € (0,13 F)		**0,025** € (0,17 F)
Plaquettes de scierie		**0,012** € (0,08 F)		**0,016** € (0,11 F)
Bois de rebut		**0,006** € (0,04 F)		**0,010** € (0,07 F)

• **En complément d'un autre type de chauffage** (solaire par exemple).

Aujourd'hui, la plupart des poêles et des inserts sont à double combustion (arrivée d'air secondaire préchauffé pour une combustion complète des gaz) et ont une efficacité optimale par rapport à une cheminée à foyer ouvert. Il existe également des poêles à catalyse qui permettent la combustion de tous les gaz du bois.

Rendements des différents types de chauffage bois

Foyer ouvert	15 %
Poêles anciens	40 à 50 %
Inserts	40 à 50 %
Inserts performants	60 à 70 %
Poêles moderne performant	70 à 80 %
Chaudières automatiques au bois déchiqueté	85 %
Poêles à granulés	90 %

L'électricité

L'électricité solaire

La production d'électricité nécessite l'installation de capteurs photovoltaïques. Ce sont des photopiles à base de silicium, matériau semi-conducteur permettant de produire de l'électricité dite « photovoltaïque » à partir des photons qu'il reçoit : c'est l'effet photovoltaïque, qui transforme l'énergie solaire en électricité.

Celle-ci est soit stockée dans des batteries et utilisée en fonction de la demande, soit utilisée directement par les appareils en fonctionnement, le surplus éventuel étant renvoyé sur le réseau et revendu à EDF au prix de 1 F le kWh (dans le cas d'une installation reliée au réseau réalisée dans le cadre du programme HESPUL, anciennement Phébus).

La surface de capteurs nécessaire sera calculée pour chaque installation en fonction de la zone d'ensoleillement.

Des capteurs photovoltaïques sont aussi utilisés pour alimenter en électricité des petits appareils : lampes solaires rechargeables pour jardin, environ 46 € (300 F) ; chargeurs solaires pour piles, environ 6 € (40 F) ; mini-panneaux solaires (0,6 W) pour batteries de téléphone et jouets, environ 10 € (65 F)...

L'hydroélectricité

L'énergie hydraulique a pu être exploitée dès la plus haute antiquité. Les moulins se sont développés en Europe au début de l'ère chrétienne.

L'hydroélectricité est aujourd'hui la première énergie renouvelable en France, où elle représente plus de la moitié de la production totale des énergies renouvelables.

L'énergie de l'eau fait tourner un générateur qui transforme l'énergie mécanique en énergie électrique. Elle est alors utilisée directement ou stockée dans des batteries et redistribuée dans l'habitation.

L'installation d'une turbine pour la production d'électricité ne nécessite pas un cours d'eau de grand débit. Il existe de petites installations (microcentrales) de moins de 20 kW fonctionnant sous des chutes de 2 à 20 mètres.

Les microcentrales s'adaptent au site et aux besoins. Les équipements sont choisis en fonction de la hauteur de chute et du débit disponible. Une microcentrale reste assujettie à la réglementation générale des petites centrales hydroélectriques. Une autorisation préfectorale est nécessaire avant son installation, et cela même si l'on est propriétaire du cours d'eau.

Ces installations sont intéressantes pour des sites isolés (laiterie en montagne par exemple).

LES AÉROGÉNÉRATEURS (ÉOLIENNES)

Les aérogénérateurs (générateurs de courant alimentés par l'air) ont été mis au point au début du XXe siècle.

Installés ponctuellement sur les sites ne disposant pas du réseau, ce n'est que vers les années 1980 qu'ils sont implantés en grand nombre, d'abord aux États-Unis, puis en Europe.

Un aérogénérateur peut être installé pour alimenter un habitat individuel. Dans le cas de l'alimentation de tout un réseau électrique, on parle d'un parc éolien.

Les pales de l'aérogénérateur, mues par le vent, entraînent une génératrice qui convertit cette force en électricité. Le courant produit est stocké dans une batterie d'accumulateurs pour être utilisé en fonction de la demande. En cas de surproduction, il peut être renvoyé sur le réseau EDF (principe HESPUL).

Le vent doit avoir une vitesse moyenne suffisante pour que l'installation d'un aérogénérateur soit rentable. L'emplacement est à choisir avec soin : l'environnement proche peut avoir une influence (collines, habitations...) et l'installation préalable d'un mât de mesure est nécessaire. Une étude d'impact doit être faite afin de vérifier les éventuelles nuisances sonores et visuelles, mêmes si elles sont faibles.

Parmi les utilisateurs les plus connus de cette énergie, citons la société 3 Suisses qui, pour ses locaux de stockage de la zone industrielle de Roubaix, a mis en service depuis 1993 deux aérogénérateurs qui couvrent 80 % de la consommation du site.

La géothermie

Utiliser cette énergie consiste à utiliser la chaleur de la terre. Ce procédé ne nécessite pas de chauffage d'appoint. En revanche, pour permettre le fonctionnement du générateur, une source d'électricité permanente est nécessaire.

À l'origine, la chaleur étaient fournie par des sources d'eau chaude. Aujourd'hui, l'échange de chaleur se fait le plus souvent directement avec le sol.

Le système utilise une pompe à chaleur (principe du réfrigérateur) qui permet de transférer les calories d'un milieu froid vers un milieu chaud.

Un fluide frigorigène, qui circule à l'état liquide dans un circuit, récupère la chaleur de la terre et passe alors à l'état gazeux. Le gaz est comprimé puis transite par un condenseur où il passe de l'état gazeux à l'état liquide. Lors de ce changement d'état, il se dégage de la chaleur qui est transmise à l'eau de chauffage. L'eau circule dans un plancher rayonnant basse température.

Le rapport entre la chaleur fournie et l'énergie consommée donne le coefficient de performance (COP). Les systèmes actuels présentent un COP voisin de 3, c'est-à-dire qu'ils sont capables de produire trois fois plus d'énergie qu'ils n'en consomment pour leur fonctionnement.

Le cycle du système peut être inversé, ce qui permet le rafraîchissement de la maison pendant l'été *via* le circuit au sol.

Les installations électriques

Omniprésente dans l'habitat, l'électricité sert à alimenter un nombre toujours plus important d'appareils dont nous pourrions difficilement nous passer. Toutefois, l'énergie électrique, telle qu'elle est produite actuellement, est loin d'être une énergie parfaite. Le

« tout électrique » en vogue aujourd'hui en France est une erreur. Pourquoi ? Tout d'abord parce que le mode de production, dans de grands centres tels que les centrales nucléaires ou les barrages hydroélectriques, oblige un transport de l'électricité vers les consommateurs. Ce transport occasionne d'importantes pertes d'énergie dissipée sous forme électromagnétique dans l'environnement. C'est l'une des raisons pour lesquelles il est préférable d'exploiter des sources d'énergie plus locales lorsque cela est possible. Par exemple, du bois ou des capteurs solaires thermiques pour chauffer une maison ou pour produire de l'eau chaude sanitaire. Et des capteurs photovoltaïques pour produire tout ou partie de son électricité.

Par ailleurs, un certain nombre d'études soulèvent des questions préoccupantes concernant non seulement les effets des champs électromagnétiques produits par les lignes à haute tension, mais aussi ceux induits par le passage du courant à l'intérieur des fils et des appareils électriques dans l'habitat. Comme souvent, les effets d'une pollution chronique engendre des pathologies des années, voire des décennies, après le début de l'exposition. Le principe de précaution nous incite donc à limiter l'exposition des habitants à ces champs électromagnétiques aux effets mal connus.

La pollution électromagnétique peut donc être intérieure ou extérieure à l'habitat. Les sources extérieures les plus importantes sont principalement les lignes ou câbles à haute ou moyenne tension, les postes de transformation et les antennes de retransmission de radiotéléphones et de télévision, contre lesquels il est malheureusement impossible de se prémunir, sauf à s'en éloigner suffisamment. Pour ce qui est des sources intérieures, il existe des solutions.

La mise à la terre

Un champ électromagnétique, c'est à la fois un champ électrique et un champ magnétique. Pour éliminer les champs électriques, il est nécessaire d'assurer une bonne mise à la terre du réseau et des appareils électriques. Ces derniers doivent donc comporter une prise comprenant une phase, un neutre et une « terre ». Pour le réseau électrique, un fil de terre doit être placé dans les gaines de câblage.

Pour des maisons contenant des armatures métalliques (type béton armé), une mise à la terre de celles-ci est nécessaire pour éviter l'effet cage de Faraday.

La mise à la terre est constituée d'un câble de cuivre placé au fond des fouilles et relié au réseau électrique et au ferraillage du bâtiment. Pour éviter les inconvénients dus à une mauvaise conductivité du sous-sol, il est souvent préférable d'ajouter au dispositif trois ou quatre piquets métalliques reliés à la terre de base. Ces piquets, plantés à une bonne distance de la maison, permettront de dissiper les charges électriques collectées au niveau de la terre.

Les câblages

Le passage de l'électricité dans un fil génère un champ électromagnétique à proximité de celui-ci. Ni les gaines standard qui entourent les fils ni les murs ou autres éléments de maçonnerie ne suffisent à stopper ces champs. Pour s'en prémunir au mieux, il est souhaitable d'installer des câbles « blindés » plus épais, qui réduisent de façon importante l'intensité des champs électrique et magnétique émis.

Les interrupteurs automatiques de champs

Se protéger contre les champs électromagnétiques issus de l'installation électrique est particulièrement crucial dans les pièces où l'on passe beaucoup de temps. Pour cela, il est possible d'installer un ou plusieurs interrupteurs automatiques de champ (IAC). Ces appareils doivent être placés sur le boîtier de fusibles, en aval des fusibles du circuit concerné. L'interrupteur de champ va permettre de couper le courant – et donc d'annuler tout champ électromagnétique – dans un circuit alimentant une pièce lorsque la consommation d'électricité y est nulle. Ainsi, le circuit ne générera pas de champ électromagnétique pendant toute la durée de non-utilisation d'un quelconque appareil électrique. Attention toutefois : la moindre consommation d'électricité désactive l'interrupteur. C'est la raison pour laquelle les IAC ne sont pas adaptés aux pièces où bon nombre d'appareils doivent rester allumés ou en veille, comme une cuisine. En revanche, ils sont tout à fait adéquats dans les chambres à coucher. Bien sûr, là encore, un simple radio-réveil relié au secteur condamne l'efficacité du système.

Les « formes » de l'installation

L'emplacement du tableau de répartition, l'itinéraire des fils, et l'emplacement des divers appareils électriques sont des facteurs qui peuvent générer d'importants problèmes de pollution électromagnétique dans l'habitat. Le schéma suivant résume un certain nombre de situations à éviter.

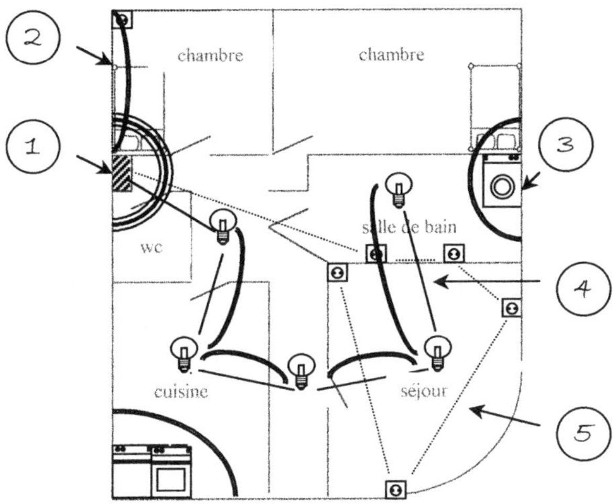

1. On peut difficilement imaginer pire emplacement pour ce tableau de répartition. En effet, le rayonnement électromagnétique qu'il émet constamment risque de faire passer de bien mauvaises nuits à l'occupant de la chambre avoisinante, sans compter les problèmes de santé pouvant survenir à long terme. La pollution sera encore plus importante si cet habitant, mal informé, utilise des appareils gros consommateurs d'électricité pendant son sommeil (lave-vaisselle, lave-linge, etc.).
2. La présence d'un câble électrique à côté du lit est une source importante de pollution électromagnétique. Il est souhaitable d'en éviter la proximité.
3. Un appareil électroménager comme ce lave-linge génère un champ électromagnétique lorsqu'il fonctionne, mais également quand il est à l'arrêt. L'emplacement du lit de l'autre côté de la paroi est là aussi problématique.
4. Le circuit alimentant les lampes forme pratiquement un enclos. Les effets de cette barrière électromagnétique se rapprochent de ceux d'une cage de Faraday.
5. Un circuit de prises peut être également à l'origine d'un « effet barrière ».

Pour éviter ce type de problèmes, le constructeur devra :

– accorder une attention toute particulière à son installation électrique et à l'emplacement des divers appareils (compteur, tableau de distribution, mais aussi chauffe-eau, si celui-ci est électrique, électroménager...) ;

– préférer, pour ce qui est de l'emplacement des câbles, un montage en épi afin d'éviter de créer des enclos. Il est préférable que le câblage longe les murs plutôt que de traverser les pièces ;

– éviter de placer un lit adossé à un mur renfermant un câble électrique et de manière générale à proximité d'une source émettrice d'ondes électromagnétiques.

Si le constructeur dispose d'un large éventail de solutions puisqu'il peut agir *a priori*, le locataire ou le propriétaire d'un logement déjà construit verra ses possibilités se restreindre à un aménagement judicieux, sauf s'il met en œuvre des travaux importants. Toutefois, des mesures simples permettent généralement de se prémunir de l'essentiel de la pollution électromagnétique :

– Ne pas rester trop longtemps à côté d'un téléviseur, même si celui-ci est éteint ;

– S'assurer que les luminaires sont mis à la terre, surtout s'ils ont une importante carcasse métallique ;

– Éviter la proximité de convecteurs électriques, fortement émetteurs ;

– Éviter le système de chauffage électrique par le sol.

Enfin, il faut savoir que les fours à micro-ondes sont de plus en plus critiqués par les scientifiques. Risques de fuite des ondes, altération des aliments, la liste des reproches s'allonge au fil des études entreprises sur le sujet. Cet appareil « bien pratique » est à éviter tant que subsistent tous ces doutes. Pour les inconditionnels, il existe des détecteurs de fuites vendus dans le commerce qui permettent de juger de l'état du four.

L'eau dans la maison

La qualité de l'eau génère actuellement de nombreuses inquiétudes partout dans le monde. Les problèmes de pollution de l'eau qui se posaient auparavant de manière localisée se généralisent maintenant à toute la planète, océans compris. Les eaux de surface ne sont plus les seules à être touchées. La pollution frappe également les nappes souterraines. Victime de l'agriculture intensive et de la surexploitation, l'eau de ces nappes affiche une qualité décroissante.

Certes, nous savons fabriquer de l'eau potable à partir d'eau prélevée dans des rivières, des fleuves ou des nappes. Mais cette production, déjà chère et coûteuse en énergie, le devient de plus en plus. Par ailleurs, dans quelques années, nos compétences techniques risquent d'être insuffisantes pour « fabriquer » une eau qui, d'ores et déjà, n'est pas exempte de polluants et de dangers pour la santé. Face à cela, modérer notre consommation d'eau potable s'avère primordial et doit être la préoccupation de chacun. Cela revient avant tout à changer nos habitudes, à être plus vigilants. C'est aussi refuser l'utilisation d'eau potable pour des usages n'exigeant pas une eau de si bonne qualité. Laver sa voiture avec l'eau du robinet est évidemment du gaspillage, mais comment faire autrement ? En adoptant un système de double réseau : de l'eau potable pour l'alimentation et la boisson, et une eau de moins bonne qualité pour le reste. Lorsque l'on sait que seulement 3 % de l'eau potabilisée sert à l'alimentation et à la boisson, l'économie serait substantielle !

Enfin, appareils à programmes économiques, réducteurs de pression et de débit d'eau, etc. permettent aussi à chacun de diminuer sa consommation.

Préserver l'eau douce

L'eau recouvre les trois quarts de la surface de la terre, ce qui représente un volume estimé à 1 400 millions de kilomètres cubes.

Ce chiffre semble *a priori* considérable, mais il convient de relativiser. En effet, l'eau douce ne représente que 2,8 % de ce volume, soit 39,2 millions de kilomètres cubes. Si l'on retranche l'eau qui est mobilisée dans les glaces ou qui se perd dans les régions inhabitées, il reste une ressource de 9 000 kilomètres cubes par an. Cette quantité doit pouvoir faire vivre en principe 20 milliards d'individus, mais les ressources et les populations ne sont pas reparties uniformément. Pour beaucoup, l'eau douce est une denrée rare. En France, nos ressources sont considérables, mais, hormis certaines eaux de source et quelques nappes, l'eau douce est rarement potable à l'état naturel. Elle doit donc être traitée, et pour cela être traitable, c'est-à-dire aussi peu polluée que possible.

En cela, la pollution organique n'est pas celle qui pose le plus de problèmes car des processus naturels d'auto-épuration permettent de l'éliminer. Bien sûr, elle est gênante à forte concentration, comme dans un ruisseau ou une rivière qui reçoit les effluents d'une station d'épuration...

Beaucoup plus préoccupante est la pollution d'origine chimique, c'est-à-dire par les pesticides, les détergents ou les métaux lourds que l'on trouve de plus en plus concentrés dans les eaux de surface et les eaux souterraines qui servent à produire de l'eau potable. Il n'existe pas actuellement de traitement adapté et économiquement réalisable pour s'en prémunir.

Si la préservation de l'eau potable relève de plusieurs acteurs, l'habitat écologique participe à son niveau à une gestion raisonnée de l'eau :

– Il permet de réduire la consommation d'eau en général et d'eau potable en particulier ;

– Il assure un bon traitement des eaux usées pour ne pas polluer les milieux récepteurs ;

– Il répond aux objectifs précédents sans porter préjudice à la santé des habitants de la maison.

L'eau de pluie : une ressource à exploiter

La récupération de l'eau de pluie revient au goût du jour. Si l'idée n'est pas nouvelle, les techniques se sont perfectionnées et, aujourd'hui, des systèmes permettent d'utiliser l'eau de pluie pour n'importe quel usage, y compris pour la boisson.

Cette utilisation présente plusieurs avantages :

– Elle permet de limiter sa consommation en « eau de ville », donc sa facture d'eau. Qui dit aussi moins de consommation dit moins de production et donc moins de dépense énergétique ;

– Au cours d'un épisode pluvieux, l'eau de pluie tombant sur le toit d'une maison équipée d'un système de récupération sera recueillie et stockée. Par conséquent, elle n'ira pas engorger la station d'épuration locale.

L'INSTALLATION

Les systèmes mis en œuvre pour traiter l'eau de pluie varient en fonction de l'usage auquel elle est destinée, et donc en fonction du degré de potabilité voulu. Ils varient aussi selon les fabricants.

Le schéma de la page suivante illustre une façon de procéder parmi beaucoup d'autres.

L'eau de pluie est recueillie au niveau de la gouttière puis va subir une première décantation (parfois facultative) destinée à éliminer une partie des matières organiques. Entre le toit et ce décanteur primaire, on trouvera un filtre destiné à enlever les impuretés les plus grossières (feuilles, brindilles, etc.).

L'eau va ensuite subir un autre prétraitement dans un décanteur secondaire, puis sera stockée à l'abri de la lumière dans une citerne généralement enterrée, ce qui permet d'obtenir une température de stockage peu favorable au développement des algues et des bactéries. Pour la citerne, le béton est préférable au plastique pour des critères écologiques déjà évoqués, et parce que la chaux du béton va corriger l'acidité de l'eau de pluie. Toutefois, les citernes préfabriquées sont en béton de ciment et le ciment est fabriqué grâce à la combustion de toutes sortes de déchets nocifs qui se retrouveraient dans le produit final... Aussi, si l'on souhaite boire l'eau de la citerne, mieux vaudra installer un système de traitement performant du type osmose inverse (voir p. 119).

Ce système filtre-décanteur primaire et secondaire n'est pas la seule solution de prétraitement de l'eau de pluie. Certains fabricants proposent des systèmes de filtres directement intégrés à la citerne.

Une fois dans la citerne, l'eau sera pompée jusqu'à un réservoir. Lorsque celui-ci sera presque vide, un système automatique enclenchera une pompe à surpression qui le remplira, assurant une disponibilité en eau constante. L'eau stockée devra, avant d'être utilisée, subir un traitement approprié à l'usage que l'on souhaite en faire.

Pour l'alimentation de la chasse d'eau, du lave-linge, pour laver les sols, la voiture ou arroser le jardin, une filtration primaire à l'aide de filtres de 5 à 20 microns (démontables et lavables, et souvent autonettoyants) sera suffisante.

RÉCUPÉRATION DE L'EAU DE PLUIE

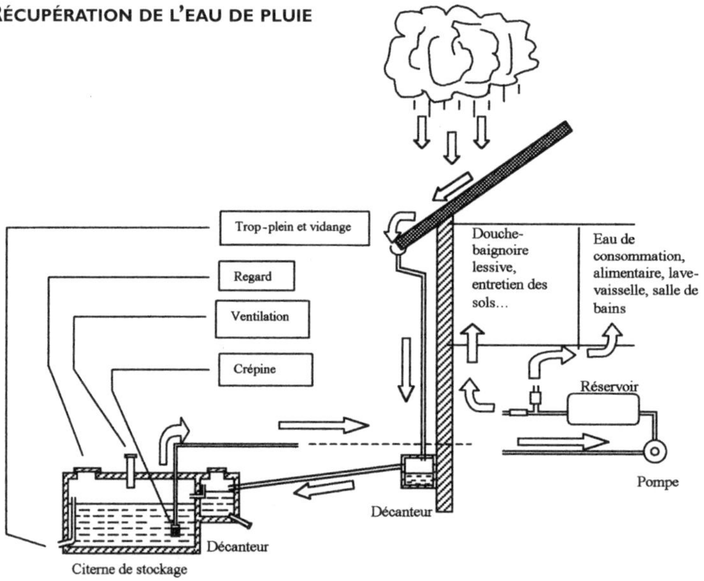

Pour un usage alimentaire (eau de boisson et de cuisson des aliments), il existe différents types de traitements plus complets. Il est également conseillé d'adopter ces traitements rigoureux pour l'eau alimentant la salle de bains et le lave-vaisselle, puisque l'eau du bain, de la douche ou du robinet peut être absorbée par inadvertance et que l'eau du lave-vaisselle est en contact direct avec nos assiettes et nos couverts, qui eux seront en contact avec nos aliments. Certes, les risques sont faibles mais le principe de précaution exige qu'on utilise ces traitements puisqu'il s'agit de notre santé.

Pour mettre en œuvre ces traitements plus poussés, les **filtres bactériens** sont une première solution. Ils sont généralement en céramique et comportent des pores de 0,5 micron qui bloquent la très grande majorité des bactéries. Ces filtres contiennent habituellement des produits bactériostatiques qui ne tuent pas les bactéries mais empêchent leur prolifération pour éviter toute recontamination dans les canalisations. L'impact de ces produits sur la santé n'est pas connu. Ces filtres sont souvent combinés avec des **filtres à charbon actif** qui absorbent certains composés chimiques comme les pesticides ou les métaux lourds.

Il existe d'autres types de traitement de potabilisation comme les **lampes UV** et les **traitements par l'ozone** qui se révèlent efficaces. Toutefois, on leur reproche de tuer les bactéries mais de laisser leurs cadavres dans l'eau... Selon certaines sources, ceux-ci pourraient libérer des endotoxines qui favoriseraient par la suite des infections microbiennes.

Le traitement le plus complet est sans doute l'**osmose inverse** qui assure une filtration de 0,0001 micron. Pour information, la taille d'une bactérie est comprise entre 1 et 4,4 microns et celle d'un virus entre 0,02 et 0,4 micron. L'osmoseur est composé d'un premier préfiltre de 5 microns, suivi d'un filtre à charbon actif puis de la membrane à 0,0001 micron, d'un dernier filtre à charbon actif et enfin d'une petite citerne de stockage d'environ 10 litres qui peut se placer sous un évier. L'osmoseur élimine bactéries et virus, mais aussi toutes les grosses molécules organiques et la quasi-totalité des petites molécules minérales qui auraient pu être entraînées par l'eau de pluie dans l'atmosphère. L'eau obtenue est donc pratiquement pure.

Quant à l'installation, elle est très simple, et il n'est pas impératif de faire appel à un professionnel.

Toutefois, ce système a trois inconvénients.

Premièrement, les filtres et la membrane doivent être changés assez régulièrement.

Ensuite, la production d'un litre d'eau nécessite du temps. Cette technique n'est donc adaptée que pour l'eau de la cuisine, voire d'un robinet dans la salle de bains. Pour le lave-vaisselle et l'eau de la douche, lampe UV ou filtration à 0,5 micron seront suffisantes.

Enfin, pour produire un litre d'eau par osmose inverse, 3 à 4 litres devront être rejetés avec les impuretés filtrées. Toutefois, cette eau pourra retourner à la citerne et être ainsi réutilisée. Mais même si elle est envoyée à l'égout, rappelons qu'au final, les quantités ainsi rejetées sont très faibles par rapport à la quantité globale d'eau consommée tous usages confondus.

L'eau de pluie n'est pas la seule ressource utilisable. L'eau d'un puits ou d'un forage peut aisément la remplacer pour tous ces usages en subissant les mêmes traitements.

Économiser l'eau dans la maison

Dans les pays occidentaux, la consommation d'eau par personne a pratiquement doublé depuis les années 1950. Elle ne cesse d'augmenter encore aujourd'hui. En France, la consommation journalière d'eau potable avoisine les 150 litres par habitant et par jour, soit environ 55 mètres cubes par an.

RÉPARTITION AU QUOTIDIEN DE LA CONSOMMATION D'EAU

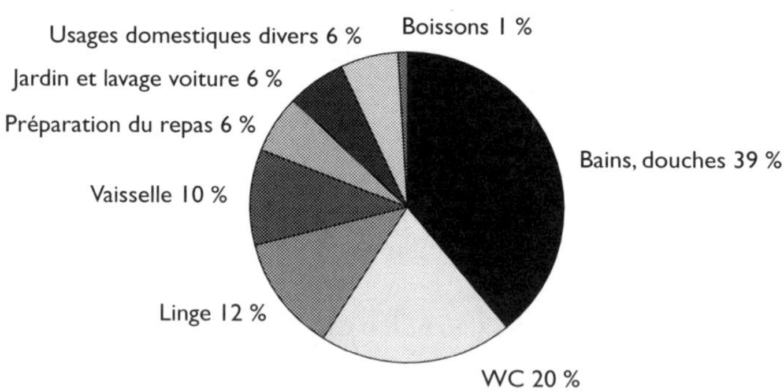

Source : Centre d'information sur l'eau, mars 1998.

APPAREILS ÉCONOMES ET RÉDUCTEURS DE DÉBIT

Pour réduire sa consommation, un choix d'équipements adaptés fait partie des mesures simples pouvant être mises en œuvre. Lave-linge et lave-vaisselle économes sont aujourd'hui disponibles.

Certains pommeaux de douche permettent de diminuer le débit parfois de moitié sans réduire la pression de sortie de l'eau. Des réducteurs de pression peuvent être installés en amont d'un robinet par exemple. La pression étant plus faible, le débit le sera aussi et les inconditionnels du rasage ou du brossage des dents à l'eau courante verront leur facture diminuer. Les réducteurs de pression limitent également l'impact de l'eau dans la tuyauterie, ce qui induit une certaine prévention des fuites et une diminution de la gêne acoustique. Bien sûr, ces appareils ne sont destinés qu'aux installations où la pression de l'eau est trop importante (supérieure à 3 bars selon les constructeurs). Dans la même optique, sont disponibles des réducteurs de débit adaptables à tous les robinets, ainsi que des douchettes économiques.

Pour terminer ce petit tour d'horizon des appareils et des systèmes économiseurs d'eau, voyons un peu plus en détail le cas des toilettes. Les réservoirs à double bouton, qui permettent une diminution nette de la consommation d'eau, sont de plus en plus répandus. Mais il existe des systèmes encore plus intéressants qui n'utilisent pas d'eau !

Les toilettes sans eau

Les toilettes à eau sont une invention relativement récente. Leur utilisation s'est généralisée dans les villes puis les campagnes et les latrines ont disparu du fond du jardin. L'utilisation de ce type de toilettes est responsable de 20 % de la consommation d'eau potable.

L'installation de toilettes à compost est une façon simple d'économiser cette eau. Elles permettent d'employer le compost formé grâce au processus naturel de décomposition.

Toutefois, par mesure de précaution, ce compost sera réservé aux plantes ornementales et aux arbres.

Il existe deux solutions pour éviter la consommation d'eau avec les toilettes : toilettes à compost et toilettes sèches.

Les toilettes à compost

Ce principe permet de composter les excréments (solides et liquides) directement. Après chaque utilisation des toilettes, on ajoute une petite quantité d'une matière riche en carbone (sciure, copeaux) et on appuie sur une pédale qui fait tourner un cylindre situé derrière les toilettes. Ainsi brassées, les matières fécales se transforment lentement en terreau. L'eau des urines et l'air de la ventilation garantissent un bon compostage. Le faible excédent d'urine s'évacue par infiltration en profondeur dans le sol. Un petit ventilateur aspire en permanence l'air vicié et maintient l'arrivée d'air pur.

Les toilettes sèches

Un autre système consiste à séparer les matières solides et l'urine. Les premières sont déshydratées sous l'action d'un ventilateur, puis compostées, ou parfois incinérées. L'urine est récupérée comme fertilisant ou envoyée dans le réseau d'assainissement.

LES BONS GESTES

Un investissement dans des appareils économes n'est pas suffisant si notre attitude envers l'eau n'est pas plus respectueuse. Une vigilance journalière permet de modifier ses habitudes et de réduire ainsi sa consommation.

Voici quelques idées :

- **Réparer un robinet qui goutte : économie possible de 35 mètres cubes d'eau en un an.**
- **Réparer une chasse d'eau qui fuit : économie possible de 145 mètres cubes d'eau en un an.**
- **Ne faire tourner un lave-linge ou un lave-vaisselle que lorsqu'ils sont pleins.**
- **Arroser le jardin le soir : l'eau s'évapore moins vite et on utilise la moitié moins d'eau.**
- **Utiliser de préférence des robinets mélangeurs ou thermostatiques.**
- **Prendre une douche plutôt qu'un bain (300 litres sont nécessaires pour prendre un bain et 50 litres pour une douche).**

En associant des appareils faiblement consommateurs, des systèmes de réduction de débit et une attitude responsable, notre consommation d'eau peut aisément diminuer de 40 à 50 %.

L'assainissement autonome : une solution écologique

Dans les zones urbaines, la densité des habitations est telle que la collecte et le traitement des eaux usées ne peuvent être assurés que de façon collective.

En revanche, dans les communes rurales, la mise en place de réseaux de collecte très étendus reliés à une station d'épuration ne se justifie ni économiquement, ni techniquement.

Cependant, en multipliant les points de rejet, on multiplie les risques de pollutions accidentelles, même si celles-ci n'ont généralement qu'un faible impact. Pour éviter ces problèmes, une mise en œuvre et un entretien rigoureux seront requis. Un temps boudé, l'assainissement autonome revient au goût du jour avec cette fois-ci une réglementation bien établie. Les installations déjà existantes sont aujourd'hui approximativement au nombre de 4 millions. Environ la moitié vont devoir se mettre en conformité avec la nouvelle législation.

Les techniques de l'assainissement autonome sont réservées au traitement des seules eaux usées domestiques. Les eaux pluviales ne doivent, en aucun cas, être dirigées vers un dispositif d'assainissement autonome. Elles engorgeraient inutilement le système et en perturberaient le fonctionnement, et donc l'efficacité.

L'assainissement autonome apparaît comme une solution alternative très intéressante :
– Les effluents domestiques sont traités sur place, ce qui permet d'éviter les problèmes de fuite liés à la collecte et au transport vers une station d'épuration ;
– Les rejets d'eau usée traitée sont dispersés et non centralisés. On évite ainsi de nombreux problèmes de pollution du milieu récepteur qui ne doit pas subir, en un seul point, l'arrivée d'une quantité importante d'eau qui n'est que partiellement épurée.

Les eaux usées domestiques

Elles sont constituées des eaux ménagères et des eaux vannes.

Les eaux ménagères comprennent les eaux de cuisine, de lavage, de lessive. Leur volume peut représenter 70 à 80 % du volume total des eaux usées domestiques.

Les eaux vannes proviennent des WC. Elles constituent 20 à 30 % du volume total des eaux usées pour les habitations comprenant un WC muni d'une chasse d'eau. Ces eaux sont fortement chargées en pollution azotée et phosphorée, ainsi qu'en germes pathogènes.

Les différentes installations de traitement

L'assainissement autonome peut être fait par l'installation :
- d'une fosse septique et d'un champ d'épandage ;
- d'un lagunage ;
- d'un lagunage sur lit à macrophytes.

Ces installations peuvent traiter les eaux usées d'une ou plusieurs habitations, d'un terrain de camping...

Fosse septique et épandage

La fosse toutes eaux est un équipement étanche, préfabriqué ou non, muni d'une entrée et d'une sortie, avec une différence de niveau permettant l'écoulement. Elle reçoit l'ensemble des eaux usées issues de l'habitat. Elle a trois rôles :

– Accomplir la décantation des matières en suspension afin de prévenir les risques de colmatage du système d'infiltration ;

– Séparer les graisses de l'effluent ;

– Permettre la digestion des graisses et des matières solides et donc traiter une partie de la pollution contenue dans l'effluent.

Cette fosse permet d'assurer un prétraitement des eaux usées domestiques. Son bon fonctionnement est garant d'une épuration efficace. Elle doit être vidangée périodiquement (tous les 4 ans maximum selon la loi), sans quoi son efficacité sera énormément réduite. La collecte et le traitement des boues doivent se conformer aux dispositions réglementaires, notamment celles prévues par les plans départementaux visant la collecte et le traitement des matières de vidange.

Le volume nécessaire pour une fosse sceptique est donné approximativement dans le tableau suivant. La fosse devra avoir une profondeur minimale de 1 mètre.

Caractéristiques du logement (nombre de pièces principales)	**Volume en m³ de la fosse septique**
Jusqu'à 4 pièces (2 chambres)	3
Jusqu'à 5 pièces (3 chambres)	3,5 - 4
Jusqu'à 6 pièces (4 chambres)	4 - 4,5
Jusqu'à 7 pièces (5 chambres)	4,5 - 5

Techniquement, la fosse est soit en béton, soit en plastique. Elle doit être ventilée pour assurer l'évacuation des gaz de fermentation sans occasionner de nuisances. Le conduit de décompression doit aboutir au-dessus de la toiture.

Une fois prétraitées, ces eaux vont être dirigées vers un champ d'épandage qui va compléter l'épuration. Le sol est un milieu biologiquement actif qui permet la transformation et l'épuration des éléments polluants contenus dans les eaux usées. Le principe de l'épuration des eaux usées par le sol repose sur une filtration mécanique associée à une épuration biologique. Les matières organiques oxydables contenues dans les eaux usées évoluent vers des formes minérales stables sous l'action des micro-organismes présents dans le sol et les effluents. Cette transformation est plus rapide et efficace en aérobiose (en présence d'oxygène dans les pores du milieu filtrant).

L'ÉPANDAGE SOUTERRAIN :
UNE SOLUTION DE BASE EN TERRAIN PLAT SUFFISAMMENT PERMÉABLE

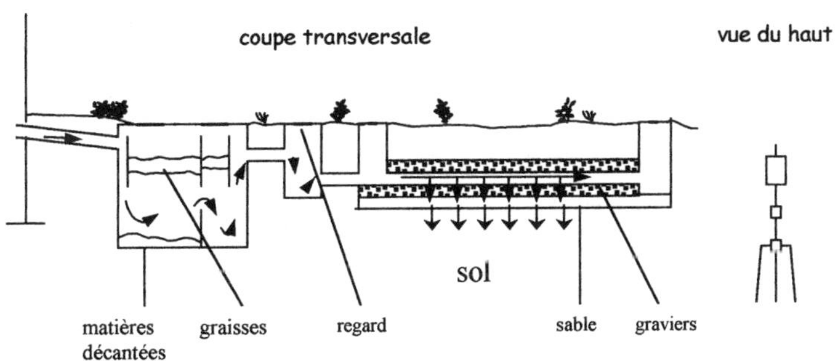

Cette technique d'assainissement est la plus répandue. C'est une solution partielle pour le traitement des eaux dans le sens où les boues produites devront être enlevées et évacuées vers une station d'épuration.

Il existe des variantes au système présenté ci-dessus selon la pente du terrain, la perméabilité du sol et la présence ou non d'une nappe phréatique. Par exemple, pour un sol perméable peu épais sur sous-sol fissuré, on pourra utiliser un système d'épandage en sol reconstitué ou le système des tertres filtrants totalement ou partiellement hors sol.

Fosse septique et filtre à sable

Pour des sols imperméables, il est possible d'utiliser un filtre à sable.

Il existe des filtres à sable dit horizontaux, adaptés à des dénivelés faibles. L'effluent, une fois traité, rejoindra un milieu hydraulique superficiel : cours d'eau, fossé d'eau pluviale, voire collecteur d'eau pluviale ou puits d'infiltration si une couche perméable assez large se situe sous la couche imperméable.

FILTRE À SABLE DE TYPE HORIZONTAL

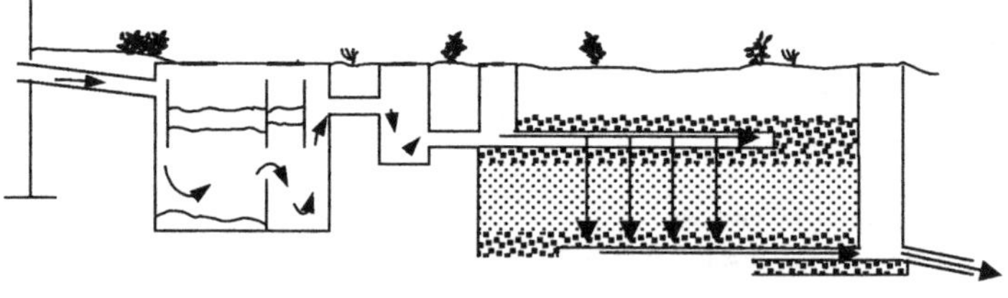

Lagunage naturel

Avec le lagunage naturel, les eaux sont stockées dans une grande retenue, assainie très lentement par des algues, des plantes et des bactéries.

Ce procédé est peu utilisé car il requiert une surface importante (environ 10 m^2 par habitant) pour la retenue d'eau.

Lagunage sur lits à macrophytes

Le système de filtres à macrophytes (plantes supérieures telles que roseaux, joncs, iris d'eau, par opposition aux plantes microphytes, qui sont microscopiques) permet un assainissement plus rapide et demande moins de surface que le processus de lagunage naturel.

Les plantes utilisées sont les roseaux qui assurent l'aération du substrat et son filtrage du fait de la croissance très intense de leurs rhizomes, les joncs pour leurs capacités extraordinaires de croissance (les rhizomes se développent aussi en hiver), ainsi que les iris d'eau.

Contrairement au lagunage naturel où les eaux sont simplement stockées, le lagunage sur lits à macrophytes consiste à faire circuler les eaux usées dans des bassins successifs aménagés en paliers, dans lesquels on a pris soin de créer, grâce à des minéraux et à des végétaux, un milieu favorable à l'activité épuratoire. Les bassins doivent être parfaitement étanches et il est préférable de les installer dans une zone où le sol est imperméable.

Le principe de fonctionnement est le suivant :

• Les matières en suspension des eaux usées sont retenues par filtration physique sur la surface des lits.

• La pollution organique dissoute est dégradée en présence d'oxygène par l'action des micro-organismes aérobies fixés sur un support (graviers, sable, terre et racines des végétaux). Poursuivant leur croissance même en hiver, les racines des végétaux assurent une épuration permanente.

• L'azote ammoniacal contenu dans les eaux usées est transformé en azote gazeux par l'action d'une microflore nitrifiante (qui transforme l'ammoniac en nitrates) et dénitrifiante (qui décompose les nitrates par une action bactérienne).

• Les macrophytes jouent un rôle indirect :

– Ils protègent les micro-organismes sur la surface des lits des rayons ultraviolets et du dessèchement ;

– Ils stimulent l'activité microbienne au niveau des racines ;

– Ils diffusent de l'oxygène à partir de ces dernières.

Cependant, cet apport d'oxygène est insuffisant pour traiter toutes les eaux usées. Il convient d'améliorer l'oxygénation par une période de repos de chaque filtre (alimentation alternée de plusieurs lits en parallèle à chaque étage de traitement).

L'avantage de ce procédé est qu'il demande une faible emprise au sol : de l'ordre de 2 mètres carrés par habitant pour une épuration efficace, soit cinq fois moins que pour un lagunage naturel. Mais un tel système ne s'applique généralement que pour traiter un volume important d'eau usée (correspondant à l'activité d'au moins 20 personnes environ), afin que les différents lits soient constamment alimentés par l'effluent. Pour une seule famille, il faudra un apport d'eau supplémentaire pour que le système fonctionne correctement. Des aménagements sont possibles moyennant un surcoût.

Des expériences très intéressantes sont faites par des industriels soucieux de limiter le coût du traitement des eaux et de limiter la pollution.

Les contraintes réglementaires

Les textes de références sont la loi sur l'eau de 1992, le décret 94-469 du 3 juin 1994 relatif au traitement des eaux usées, et l'arrêté du 6 mai 1996 concernant les systèmes d'assainissement non collectifs.

Le nouveau cadre réglementaire institué en 1992 par la loi sur l'eau a permis de resituer la filière assainissement autonome. Désormais, le maire est responsable de l'assainissement autonome sur sa commune. Les communes sont tenues de veiller au contrôle des dispositifs d'assainissement et, si elles le décident, de leur entretien. Elles doivent délimiter des zones relevant de l'assainissement collectif et d'autres relevant de l'assainissement non collectif qui doivent figurer dans le POS (plan d'occupation des sols).

En ce qui concerne le particulier qui souhaite construire, le système d'assainissement doit figurer dans les plans de masse et de situation du dossier de permis de construire. Si cet aménagement se fait après coup, l'autorisation de la commune sera nécessaire.

Le système de filtres à macrophytes, d'introduction récente en France, n'est pas officiellement reconnu, et il est, hélas, fréquent que les DDASS (Direction départementale de l'action sanitaire et sociale) s'y opposent.

L'air intérieur

Depuis quelques décennies, les multiples campagnes d'incitation aux économies d'énergie ont conduit à une réduction générale du taux de ventilation dans l'habitat, au profit d'une isolation thermique parfois poussée à l'extrême et utilisant bien souvent des matériaux imperméables à l'air et à la vapeur d'eau. Problèmes d'humidité, développement de moisissures, de bactéries, concentration des polluants (souvent issus des matériaux en question)... sont les conséquences de l'étanchéification de la maison. La ventilation ne sert donc pas seulement à renouveler l'oxygène dans l'air de l'habitat. Bien ventiler, c'est aussi éviter certains désagréments de santé (pathologies respiratoires, ORL) pour cause d'humidité excessive, ou autres maux de tête, fatigue, etc., dus aux composés organiques volatils. Ventilation et isolation, voilà deux impératifs *a priori* contradictoires qu'il faut concilier.

Une ventilation adaptée

Comme souvent dans l'habitat, un choix avantageux d'un côté devient problématique de l'autre et la meilleure solution réside en un compromis savamment étudié. Bien isoler ou bien ventiler ? La question ne peut se trancher simplement.

En effet, les besoins en terme de ventilation varient selon les situations. Ainsi, une maison dont les parois intérieures sont imperméables devra être pourvue d'une bonne ventilation pour éviter des problèmes d'humidité. Si, de plus, elle est constituée de matériaux occasionnant une pollution atmosphérique importante, le renouvellement de l'air devra être encore plus rapide. À l'opposé, une maison composée de matériaux plus sains ayant des murs qui laissent transiter la vapeur d'eau ne nécessitera pas une installation aussi performante.

Ventilation et déperdition

N'importe quelle maison subit des déperditions de chaleur. Le toit, les murs, les portes, les fenêtres sont autant d'éléments qui laissent s'échapper une partie de la chaleur à l'extérieur. La ventilation, elle aussi, est responsable d'une partie de ces pertes (rarement plus de 20 % de la déperdition totale toutefois). Il est donc indispensable de mettre en place une isolation de qualité afin de minimiser la déperdition globale de chaleur sans sacrifier la ventilation. Cela passe par quelques mesures simples :

– S'assurer de la qualité des finitions au niveau des liaisons entre menuiseries et murs, mur et plafond, etc. ;

– Adopter si possible une isolation extérieure qui limite les ponts thermiques ;

– Accorder une attention toute particulière à l'isolation de la toiture.

La ventilation naturelle

Utilisée depuis toujours, elle est l'art de créer des courants d'air dans le logement pour renouveler l'air à l'intérieur. Elle peut être assurée par la pose de bouches d'entrée d'air dans les pièces de séjour et de bouches de sortie dans les pièces plus humides (WC, salle de bains, cuisine). Contrairement à la VMC (ventilation mécanique contrôlée), elle ne nécessite qu'un faible investissement et ne consomme aucune énergie.

Technique à la fois fort simple et très efficace, l'aération d'une pièce par simple ouverture d'une ou de plusieurs fenêtre(s) est souvent suffisante pour renouveler l'air dans la maison. Il est préférable en hiver d'ouvrir toutes les fenêtres en grand pendant dix minutes plutôt que de les laisser entrouvertes plus longtemps. Ainsi, chaque pièce sera efficacement aérée sans que les murs n'aient le temps de se refroidir. Une fois l'opération terminée, les murs réchaufferont l'air de la maison.

Gérer ses déchets

Chaque année, nous produisons en France environ 21 millions de tonnes de déchets ménagers. Ceux-ci sont encore majoritairement incinérés ou mis en décharge, malgré les efforts entrepris pour développer des filières plus écologiques. Plus de tri pour plus de recyclage, tels sont les enjeux actuels dans la gestion des déchets sachant que – en théorie – dès 2002 seuls les déchets ultimes – c'est-à-dire « ne pouvant être valorisés ou dont on ne peut réduire le potentiel de toxicité dans les conditions techniques et économiques du moment » – pourront être accueillis dans les centres de stockage.

Les déchets ménagers

Nos déchets sont toujours plus nombreux malgré la volonté institutionnelle d'en réduire la production à la source : ils ont augmenté de 30 % entre 1980 et 1990.

Cet accroissement est loin d'être une particularité française. Nos voisins européens suivent la même tendance : pour la même période, plus 29 % pour le Royaume-Uni, plus 42 % pour l'Italie et même plus 84 % pour l'Espagne [9] !

Chaque Français produit en moyenne 1 kilo d'ordures par jour. La nature et la quantité de ces déchets sont toutefois variables selon les régions et le contexte, rural ou urbain.

Ils se répartissent en poids de la façon suivante :

Les déchets ménagers sont classés en deux catégories : les non toxiques et les toxiques, appelés déchets ménagers spéciaux, qui représentent 0,5 % du poids total. Les huiles de vidange, les piles, les batteries, les peintures, les solvants rentrent dans cette catégorie.

9. *Europe's Environment, Statistical Compendium for the Dobris Assessment*, 1995.

LES DÉCHETS MÉNAGERS EN FRANCE

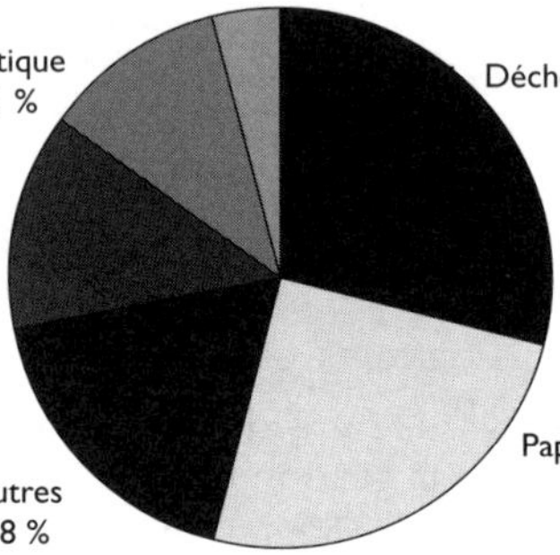

Source : Ademe, Déchets municipaux, les chiffres-clés, février 1998.

Mieux gérer, c'est d'abord moins produire

Cette maxime semble avoir des allures d'évidence. Pourtant en matière de réduction à la source, les exemples se trouvent plutôt à l'étranger. En France, les efforts n'ont porté, pour l'essentiel, que sur la diminution du volume et du poids des emballages. Ce n'est qu'un premier pas et les avancées doivent se généraliser.

Chaque consommateur peut, à son niveau, faire un geste contre le gaspillage et la surproduction de déchets en refusant l'utilisation de produits jetables (rasoirs, piles, appareils photos...), et en préférant les produits longue durée (piles rechargeables par exemple). Si des millions de personnes agissent ainsi, les effets seront notables.

Le tri : une nécessité préalable

Les déchets que nous produisons sont de plus en plus complexes. Alors qu'auparavant la fraction organique en représentait l'essentiel, aujourd'hui sa part diminue dans nos poubelles. Pendant longtemps, tous les déchets ont été indifféremment collectés, puis transportés et stockés dans les décharges. Aujourd'hui, il s'agit de valoriser nos déchets dans les meilleures conditions.

Cette valorisation peut prendre différentes formes : recyclage (verre, papier...), réemploi (produits consignés), ou encore régénération (pour les huiles usagées notamment). Tous ces procédés conduisent à une économie de matières premières. Mais la valorisation peut être également énergétique si l'on exploite le gisement d'énergie que contiennent les déchets.

La nécessité d'un tri préalable prend là tout son sens.

Ce tri peut théoriquement se faire avant ou après collecte, c'est-à-dire soit par le particulier, soit au niveau d'une chaîne de tri industrielle. La première solution tend à être systématiquement employée puisqu'elle est plus économique. La seconde est utilisée en complément pour affiner le tri. Mais c'est sur chacun d'entre nous que repose et que va reposer de plus en plus la responsabilité d'une bonne gestion des déchets par un tri préalable consciencieux.

L'ère de la poubelle unique est bel et bien révolue et c'est bientôt deux, trois ou quatre poubelles qui équiperont notre cuisine. Aussi, en construction, mieux vaut prévoir les aménagements nécessaires pour éviter les installations de fortune !

Le compostage individuel

Le recyclage au jardin de la fraction organique de nos déchets ménagers est une pratique qui s'était peu à peu perdue du fait de la facilité actuelle à tout éliminer par le biais du sac poubelle et aussi de l'apparition des engrais chimiques. Pourtant, les déchets compostables (biodégradables, donc valorisables) représentent encore aujourd'hui 29 % de la masse des déchets ménagers. Le compostage offre de nombreux avantages, ce qui n'a pas échappé à d'autres pays européens (Hollande, Autriche, Allemagne), beaucoup plus en avance que la France dans ce domaine.

D'abord, les déchets organiques compostés ne fermenteront pas dans les décharges où ils sont source d'odeurs nauséabondes et de risques d'explosion (formation de méthane). On n'aura pas non plus à procéder à leur incinération, souvent difficile puisqu'ils contiennent de l'eau. Enfin, triée à l'origine, cette fraction organique ne souillera pas d'autres déchets, empêchant ainsi leur recyclage.

Mais avant d'aller plus loin, il faut faire la distinction entre le compostage collectif, réalisé à l'échelle d'une commune par exemple, et le compostage individuel réalisé par le particulier avec son matériel, et qui nous intéresse plus particulièrement dans cet ouvrage.

Du point de vue du particulier, cette technique permet la fabrication d'un compost qui restitue l'humus au sol des jardins et permet d'éviter l'utilisation d'engrais chimiques qui, jour après jour, polluent les nappes phréatiques.

Que composter ?

– Les résidus de la préparation des repas (épluchures de légumes) ;

– Les restes des repas (pain, légumes...), sauf les viandes qui pourraient attirer certains animaux nuisibles ;

– Les déchets de jardin (fanes de légumes, tontes de pelouse, fleurs fanées, tailles de haies...) ;

– Certains papiers et cartons non souillés par de l'encre ;

– Les cendres.

Une technique facile à mettre en œuvre

Il existe sur le marché toute une gamme de « composteurs de jardin » qui rendent le compostage facile à mettre en œuvre et garantissent l'absence de nuisances par une bonne aération. Il est également facile d'en fabriquer un.

Il suffit de mettre les déchets organiques dans une poubelle à part, et de la vider directement dans le composteur.

Le compostage s'effectue naturellement et sans odeurs désagréables si le compost en cours de formation est bien aéré. Pour cela, il suffit de le retourner d'un coup de fourche de temps en temps.

Cette technique ne fait ni plus ni moins que reproduire le retour à la terre des déchets végétaux tel qu'il se fait dans la nature.

Quels **interlocuteurs** et quelles **démarches** pour **construire** ou **rénover** **« écologique »** ?

Les acteurs de la construction écologique

La construction d'une maison individuelle, et plus encore d'un immeuble collectif, de bureaux, d'une usine, d'une école, d'un hôpital, fait intervenir de nombreux partenaires : le maître d'ouvrage (celui qui passe commande du bâtiment et, souvent, en deviendra le propriétaire), le maître d'œuvre (celui qui coordonne la construction), l'architecte (qui, notamment dans le cas d'une maison individuelle, est en même temps le maître d'œuvre), les entreprises, les fabricants de matériaux, les bureaux d'études et de contrôle, la commission de permis de construire.

Coordonner tous ces acteurs pour arriver à construire un bâtiment écologique n'est évidemment pas chose simple, surtout lorsqu'il s'agit d'une commande publique et d'une construction importante. Sans prétendre être exhaustifs, nous évoquerons ici les principaux acteurs – de toute nature – qui peuvent intervenir dans la conception, la construction ou la réhabilitation de logements. Les adresses des organismes cités figurent à la fin de cet ouvrage.

Les architectes et autres maîtres d'œuvre privés

Depuis plus de 20 ans, des architectes – de plus en plus nombreux, même s'ils restent minoritaires – ont intégré la démarche environnementale dans leurs projets. Certains, particulièrement sensibles aux aspects énergétiques, conçoicent une architecture bioclimatique et font appel aux énergies renouvelables, d'autres s'attachent plus particulièrement à l'utilisation de matériaux renouvelables et non polluants, tels que le bois, la terre crue ou les isolants végétaux, d'autres, enfin, prennent en compte ces deux aspects. Identifier ces architectes ou maîtres d'œuvre n'est pas chose facile. Les meilleures sources d'information pour y parvenir sont les associations et les distributeurs spécialisés (voir les adresses utiles p. 151).

Les fabricants et les distributeurs de matériaux

De nombreux matériaux de construction écologiques sont importés de pays, comme l'Allemagne, qui se sont préoccupés bien avant nous de construction écologique, mais les fabricants français commencent à s'y mettre. Les distributeurs spécialisés que nous avons pu identifier figurent à la fin de ce livre. Les gros distributeurs de matériaux de construction (Point P, SAMSE, Castorama, etc.) commencent eux aussi à proposer quelques matériaux écologiques.

Les entreprises et les artisans du bâtiment

Trouver des entreprises et des artisans maîtrisant bien les techniques spécifiques de la construction écologique n'est pas une mince affaire. C'est même, dans certains cas, un obstacle majeur qui pourra amener à renoncer à certains matériaux encore peu utilisés, comme par exemple la terre crue ou le chanvre. Dans ce domaine, les meilleures sources d'information sont à nouveau les distributeurs et les associations, sans oublier, bien entendu, l'architecte ou le maître d'œuvre que l'on aura choisi.

Les associations

Elles sont de plus en plus nombreuses à s'intéresser, à des titres divers, à la construction écologiques. On en trouvera une liste, non exhaustive, p. 156. Nous présentons ici quelques-unes des plus représentatives.

L'ASSOCIATION HQE (HAUTE QUALITÉ ENVIRONNEMENTALE)

Créée en 1996, cette association a pour objectif de développer et de promouvoir le concept « démarche HQE » et de regrouper toutes les entités collectives concernées. Elle regroupe des personnes morales : conseils régionaux, organismes professionnels liés au bâtiment, associations et organismes publics concernés par la protection de l'environnement. Elle met en réseau les compétences et les expériences de ses membres au service des projets individuels et collectifs. Elle a traduit la haute qualité environnementale des bâtiments en 14 cibles, qui sont autant d'objectifs à atteindre :

1. Relation harmonieuse des bâtiments avec leur environnement immédiat ;
2. Choix intégré des procédés et produits de construction ;
3. Chantier à faible nuisance ;
4. Gestion de l'énergie ;
5. Gestion de l'eau ;
6. Gestion des déchets d'activité ;
7. Gestion de l'entretien et de la maintenance ;
8. Confort hygrothermique ;
9. Confort acoustique ;
10. Confort visuel ;
11. Confort olfactif ;
12. Qualité sanitaire des espaces ;
13. Qualité de l'eau ;
14. Qualité de l'air.

L'appellation HQE s'est appliquée essentiellement, jusqu'à présent, à des bâtiments publics. Ne correspondant pas – conformément à la volonté des responsables de l'association, pour qui il s'agit avant tout d'une démarche – à un cahier des charges précis, elle a parfois été utilisée par des maîtres d'ouvrage pour caractériser des projets, dans lesquels bien peu des 14 cibles énumérées ci-dessus avaient été prises en compte. Dans la perspectives d'aides publiques, envisagées pour certaines réalisations HQE, notamment en matière de logement social, une procédure de certification des opérations HQE est prévue dans l'avenir.

L'association Terre vivante

Créée en 1980, l'association Terre vivante s'est donné pour objectif de promouvoir des techniques et un mode de vie respectueux de la santé et de l'environnement. Elle utilise pour cela trois outils : une revue *(Les Quatre Saisons)*, des livres d'écologie pratique et un Centre écologique ouvert au public, à Mens (Isère). Ses trois thèmes principaux sont le jardinage, l'alimentation et l'habitat.

Depuis quelques années, l'habitat est son principal axe de développement, tant en matière de publications que dans son Centre écologique.

En matière d'édition, Terre vivante a publié, dans le domaine de l'habitat, les livres suivants :

– *L'Habitat écologique, quels matériaux choisir,* par F. Kur ;
– *La Maison des [néga]watts, le guide de l'énergie chez soi,* par T. Salomon et S. Bedel ;
– *Poêles, inserts et autres chauffages au bois,* par C. Aubert ;
– *L'Isolation écologique : conception, matériaux, mise en œuvre,* par J.-P. Oliva.

En 2002, un ouvrage présentant une trentaine de maisons écologiques sera publié.

Dans son Centre écologique, ouvert au public de mai à octobre, Terre vivante présente notamment :

– Une exposition sur les matériaux de construction écologiques ;
– L'exposition « La maison des [néga]watts », consacrée aux économies d'énergie dans la maison ;
– un parcours sur la gestion de l'eau dans sa maison.

Une version itinérante de l'exposition « La maison des [néga]watts » est également disponible.

Le réseau Écobâtir

Constitué en octobre 1992, le réseau Écobâtir a pour but de promouvoir un habitat vivant en harmonie avec l'homme et la nature, de réunir les personnes et les structures de professionnels qui tendent vers des constructions plus saines et non polluantes, et ce à travers les régions et les pays d'Europe. L'objectif est de relier et d'impliquer tous les acteurs concernés par l'écoconstruction.

Le réseau Écobâtir a engagé une démarche de recherche où les réponses technologiques tiennent compte des enjeux et besoins authentiques afin que la construction reste une activité économique cohérente, prenant en compte la globalité du processus de production du bâti et impliquant la valorisation des compétences, la transparence des coûts et la coopération des acteurs. la production d'un bâti de qualité, sain et confortable, facilite son appropriation par les usagers et apporte un mieux-vivre qui contribue au renforcement du tissu social.

Le réseau Écobâtir souhaite que les chantiers d'autoconstruction puissent aussi s'accomplir comme des lieux de formation, d4échanges sociaux, économiques et culturels, pour passer d'une logique de la division du travail à celle de la coproduction et de la mise en commun des savoirs.

Le choix des matériaux et des techniques de construction des bâtiments doit optimiser les ressources locales, territoriales et planétaires à court, moyen et long termes.

Les membres du réseau Écobâtir pensent que cette démarche doit aussi permettre de construire des édifices durables, sains et chaleureux pour accueillir les générations futures.

Le Comité de liaison des énergies renouvelables (CLER)

Le CLER est une association Loi 1901 créée en 1984 et regroupant près de 130 organismes impliqués dans les énergies renouvelables et la maîtrise de l'énergie : associations, fabricants, distributeurs, bureaux d'étude, architectes, centres de recherche, agences de l'énergie, etc., répartis dans toute la France. Il regroupe notamment la plupart des associations de promotion des énergies renouvelables. Il a principalement un rôle d'animation, d'information et de communication.

Le CLER Rhône-Alpes est une fédération créée en 1995 qui a pour objet de « rassembler en un mouvement identifiable et formel la dynamique des associations de la région Rhône-Alpes œuvrant au développement des économies d'énergie et des énergies renouvelables. »

Les associations régionales

Elles regroupent des acteurs de l'habitat écologique au niveau d'une région et ont, pour la plupart, une mission d'information et éventuellement de formation à destination des artisans, des entreprises, des maîtres d'œuvre et des maîtres d'ouvrage. On peut citer, parmi les plus connues : Oïkos, en Rhône-Alpes (auteur du présent ouvrage), Keryac'h, en Bretagne, Alsace Qualité Environnement en Alsace, Arcanne, dans le Jura ; en ce qui concerne plus spécifiquement les énergies renouvelables, les Agences locales de l'énergie ainsi que les associations du CLERC Rhône-Alpes (Hélianthe dans l'Ain, Polénergie en Ardèche, Adil et Ceder dans la Drôme, Héliose edans la Loire, Ageden en Isère, Asder en Savoie, Énergie environnement en Haute-Savoie, Hespul dans le Rhône.

LES ASSOCIATIONS SPÉCIALISÉES

Un certain nombre d'associations s'intéressent plus particulièrement à un des aspects de la construction écologique : par exemple les énergies renouvelables, ou une famille de matériaux (terre crue, bois, fibres végétales, chanvre, etc.).

Les organismes publics

L'implication des organismes publics dans la démarche « construction écologique » ou « haute qualité environnementale » est récente et inégalement développée selon les régions. La région pionnière dans ce domaine est sans conteste Nord-Pas-de-Calais, avec la construction d'un lycée HQE à Calais. En matière de logement, on peut citer le projet Salvatierra (logements sociaux) à Rennes. Deux ministères au moins soutiennent fortement l'approche HQE, le ministère de l'Aménagement du territoire et de l'Environnement et le secrétariat d'État au Logement. Ce dernier prévoit la mise en place d'aides spécifiques pour la construction de HLM de haute qualité environnementale.

Plusieurs organismes publics travaillent, chacun dans son domaine de compétence, à l'amélioration de l'impact de la construction et de l'habitat sur la santé et l'environnement.

Nous citerons :

– L'ADEME (Agence de l'environnement et de la maîtrise de l'é nergie), pour les aspects énergétiques ;

– L'Observatoire de la qualité de l'air intérieur, pour la qualité de l'air dans les bâtiments ;

– Les Agences régionales de l'environnement (ARENE, AME, ARPE) ;

– Le CNDB (Centre national pour le développement du bois), pour la promotion du bois dans la construction ;

– L'ITEBE (Institut technique du bois énergie), pour l'utilisation du bois comme source d'énergie.

Assurances et garanties

La construction d'une maison individuelle et de n'importe quel autre bâtiment en général est fréquemment accompagnée de malfaçons ou de défauts divers et variés. Pour faire face à ces problèmes, l'occupant dispose d'un certain nombre de garanties. Dans ce chapitre, nous allons faire le point sur les dispositifs dont peut bénéficier le particulier pour être indemnisé, qu'il intervienne en tant que simple maître d'ouvrage ou qu'il soit autoconstructeur.

Le particulier simple maître d'ouvrage

Le particulier maître d'ouvrage fait appel à un ou plusieurs constructeurs avec lesquels il aura passé un ou des marchés sous forme de contrats d'entreprise. Il peut également faire appel à un architecte : c'est une obligation pour des constructions non agricoles de plus de 170 mètres carrés de surface de plancher hors œuvre net (SHON) nécessitant un permis de construire.

La réception des travaux

Au niveau juridique, la réception des travaux est l'acte par lequel le maître d'ouvrage déclare accepter l'ouvrage avec ou sans réserves.

En pratique, ce moment correspond à l'achèvement des travaux et à la prise de possession de la construction par le maître d'ouvrage. Le(s) constructeur(s) et le client doivent être présents. Cette rencontre doit aboutir à la signature d'un procès-verbal par chacune des parties, sur lequel peuvent figurer ou non d'éventuelles réserves du commanditaire concernant des vices apparents. Tous les désordres ayant fait l'objet de réserves doivent être repris dans l'année qui suit par l'entrepreneur concerné. Si celui-ci refuse, un recours juridique est possible.

Si aucune réception écrite n'est effectuée et que le maître d'ouvrage se contente de prendre possession de la construction, la réception sera considérée comme sans réserve et le maître d'ouvrage ne pourra plus invoquer les vices apparents hormis dans quelques cas très particuliers.

La garantie de parfait achèvement

Elle s'exerce durant une année après la date de réception des travaux. Pendant cette période, le constructeur concerné doit assurer la réparation gratuite des malfaçons constatées le jour de la réception (et portées sur le procès-verbal) ou constatées ultérieurement à condition :

– qu'elles n'aient pas été visibles le jour de la réception ;

– qu'elles soient bien dues à un vice de construction et non pas à l'usure ou à l'usage ;

– qu'elles soient signalées par écrit à l'entreprise (envoyer une lettre recommandée avec accusé de réception).

Là encore, dans le cas d'un refus de la part de l'entrepreneur, un recours juridique est possible.

La garantie de bon fonctionnement

Elle est d'une durée de deux ans et concerne tous les vices cachés révélés après la réception des travaux et qui concernent les éléments d'un bâtiment dissociables des ouvrages de viabilité, de fondation, d'ossature, de clos ou de couvert. Par exemple ce sont les portes, fenêtres, volets, revêtements muraux...

La garantie décennale

Comme son nom l'indique, elle s'exerce pendant dix années à dater du jour de la réception des travaux. Elle s'applique à divers désordres à condition qu'ils rendent l'ouvrage impropre à sa destination ou qu'ils affectent sa solidité. Il s'agira par exemple de défauts d'étanchéité à l'air ou à l'eau, d'un affaissement de plancher...

Il est parfois difficile de faire la distinction entre les dysfonctionnements relevant d'une garantie décennale ou d'une garantie de bon fonctionnement. Par exemple, des éléments extérieurs type fenêtre ou porte pourront relever de la garantie décennale s'ils affectent l'étanchéité de la construction.

Toutes ces garanties sont obligatoirement dues par l'entrepreneur concerné après réception : c'est la loi !

Cependant, la mise en œuvre de ces garanties et responsabilités est souvent longue. En cas de litige, une procédure devant les tribunaux peut s'avérer interminable. Le recours se heurte parfois à l'insolvabilité des constructeurs... Pendant ce temps, les divers problèmes persistent et peuvent même s'aggraver, tant et si bien que le propriétaire de la maison doit engager des travaux de réparation avant même d'avoir été indemnisé.

L'ASSURANCE DOMMAGE/OUVRAGE

Pour pallier cette difficulté et aider les particuliers lésés à faire face à des coûts imprévus, une assurance dommage/ouvrage a été créée.

Elle garantit l'ouvrage et non les constructeurs, sans s'intéresser à la responsabilité de tel ou tel acteur. Cette assurance est théoriquement obligatoire, mais le particulier ne risque aucune sanction pénale pour non-souscription. Elle concerne les désordres de nature décennale définis comme pouvant compromettre la solidité de l'ouvrage ou le rendre impropre à sa destination. Elle a été conçue pour s'appliquer après la garantie de parfait achèvement, c'est-à-dire un an après la réception des travaux pour une durée de neuf ans.

Le particulier autoconstructeur

L'autoconstructeur ne bénéficie naturellement d'aucune garantie de parfait achèvement, de bon fonctionnement ou décennale sur les travaux qu'il a effectués. En revanche, l'assurance dommage/ouvrage peut s'exercer dès l'achèvement de la construction.

L'habitat écologique : un cas à part

Comme nous l'avons vu, le particulier construisant ou faisant construire sa maison bénéficie d'un certain nombre de garanties. Toutefois, celles-ci ne s'appliquent totalement que dans le cas d'un habitat standard. Pour un habitat alternatif comme l'habitat écologique, qui utilise des matériaux et des systèmes innovants dans le contexte actuel, ce système de protection se révèle peu adapté.

Rappelons en effet que le cadre traditionnel dans lequel évoluent les métiers du bâtiment aujourd'hui se fonde largement sur l'utilisation des DTU (directives techniques unifiées), normes françaises et avis techniques qui font référence dans le domaine de la construction.

Les DTU (directives techniques unifiées)

Ces sont des documents de référence techniques en matière de conception, de calcul et de mise en œuvre des techniques traditionnelles du bâtiment. Ces règles font officiellement partie des règles de l'art. Pour simplifier, ces DTU peuvent être appréhendées comme des recettes « du bien construire ». Elles traitent de tout ce qui concerne telle ou telle phase de la construction d'un bâtiment, y compris du choix des matériaux à utiliser. Les DTU sont élaborées sous l'égide du CSTB (Centre scientifique et technique du bâtiment), auprès duquel il est possible de se les procurer.

Les normes françaises

Ce sont des textes écrits dans le même esprit que les DTU (bien que beaucoup plus anciens). Ils sont étroitement liés aux DTU qui y font référence. Les normes françaises couvrent de nombreux domaines, dont le secteur du bâtiment. C'est l'AFNOR (Agence française de normalisation) qui attribue la marque NF à différents produits. Ce sigle assure à l'utilisateur que le produit correspond à ses besoins en termes de sécurité et d'aptitude à l'emploi.

Les DTU et les normes françaises traitent uniquement des techniques et des matériaux les plus utilisés actuellement.

Les avis techniques

Pour ce qui est des matériaux et des procédés innovants – cadre dans lequel se place l'écoconstruction –, même si certaines « innovations » sont âgées de quelques siècles, le ministère de l'Équipement et du Logement a créé en 1969 une commission chargée de donner des avis techniques qualitatifs sur l'aptitude à l'emploi de procédés, matériaux, éléments et équipements utilisés dans la construction, lorsque leur nouveauté n'en permet pas encore la normalisation. Depuis 1986, ces avis sont assortis d'une appréciation : favorable, réservée ou défavorable. Ils sont disponibles auprès du CSTB.

En théorie, ces textes n'ont pas de portée réglementaire et ne font donc pas office d'obligation pour un constructeur. Toutefois, les assurances ne s'engagent à protéger les prescripteurs, les entreprises et les distributeurs que dans la mesure où ceux-ci se conforment aux normes, DTU et avis techniques. Ainsi, le particulier aura bien du mal à contracter une assurance dommage/ouvrage pour une construction utilisant certains matériaux écologiques qui ne rentrent pas dans ce cadre.

De la même façon, pour un particulier souhaitant faire construire sa maison de façon alternative, il sera parfois très difficile de trouver des professionnels motivés du fait des multiples garanties qu'ils doivent engager et du recours systématique des experts aux DTU et autres avis techniques en cas de litige.

Pour l'écoconstruction, l'avenir réside dans une reconnaissance officielle des matériaux écologiques et des procédés innovants. Pour ce faire, ceux-ci devront faire l'objet d'avis techniques favorables ou s'intégrer dans des DTU.

Démarches pour l'installation de panneaux photovoltaïques

Installation de panneaux photovoltaïques en site isolé

Un particulier a un besoin en électricité (habitat principal, auberge, pompage...) dans un site non raccordable ou à plus d'un kilomètre du réseau. Il s'adresse à la mairie qui se met en rapport avec le service responsable de l'électrification. Ce service est soit un syndicat d'électrification auquel adhère la commune, soit une régie (historiquement souvent issue des regroupements agricoles), soit les services techniques de la commune si celle-ci est indépendante, soit Électricité de France (EDF) en département urbain. Ce service est chargé de faire une étude de faisabilité. Il s'adresse à EDF et à l'ADEME (Agence de développement des énergies et maîtrise de l'énergie) qui subventionnent chacune pour moitié cette étude, dans le but de déterminer un budget. Avec ce budget, le service fait un dossier de demande de subvention auprès du FACE (Fonds d'amortissements des collectivités électrifiées). Le FACE est alimenté par EDF et les taxes locales prélevées sur les factures. Son but est de gérer des équipements en site rural en équilibrant les dépenses à la charge des particuliers. Pour le solaire, le FACE se réunit deux fois par an et décide des projets éligibles à la subvention. Le service de la mairie reçoit alors une notification d'accord pour lancer les travaux. Ce service devient maître d'ouvrage.

Le maître d'ouvrage s'adresse à un bureau d'études (maître d'œuvre) pour réaliser l'APD (avant-projet détaillé) et le DCE (dossier de consultation des entreprises).

Les entreprises répondent et celle qui remporte le marché réalise le générateur sous contrôle du maître d'œuvre. L'entreprise est payée par le maître d'ouvrage. Ce dernier est partiellement financé par le FACE et le bénéficiaire du générateur (10 % du montant total de l'opération).

Le maître d'œuvre concède l'exploitation de l'ouvrage à EDF (ou à une régie concédante selon les lieux, comme c'est le cas en Alsace et dans les Deux-Sèvres). EDF se doit de maintenir l'ouvrage en état de bon fonctionnement. EDF signe un contrat avec le bénéficiaire dont le montant dépend de la quantité d'électricité produite (Wc) du générateur. Ce contrat comprend au minimum une visite d'entretien et de maintenance par an et le remplacement des batteries une fois sur 15 ans. EDF impose que l'installation électrique intérieure soit couverte par le Consuel (Comité national pour la sécurité des usagers de l'électricité), les frais étant à la charge des bénéficiaires.

Donc, le générateur n'est pas la propriété du bénéficiaire, mais de la commune, *via* son syndicat (le plus souvent).

EDF exploite le générateur par contrat avec le bénéficiaire.

La plupart des installations sont suivies par télésurveillance, ce qui nécessite une ligne téléphonique sur le site.

Les subventions possibles

Si l'on opte pour un équipement de chauffage solaire ou au bois, il est possible, dans la plupart des cas, et après étude, d'obtenir des subventions pour son installation. Certaines aides sont nationales. Pour s'informer sur leur montant, qui peut varier, on s'adressera à l'ADEME. D'autres sont données par les régions. Elles sont très variables d'une région à l'autre. S'informer auprès du conseil régional ou du Point information énergie le plus proche.

Chauffage solaire

L'installation d'un plancher solaire direct (PSD) bénéficie d'une subvention de l'ordre de 20 000 F, qui peut varier selon les régions.

Eau chaude solaire

Les subventions de l'ADEME pour l'installation d'un chauffe-eau solaire, en 2001, variaient de 686 € (4 500 F) à 1 143 € (7 500 F) selon les dimensions des panneaux. Des subventions régionales viennent s'y ajouter dans certaines régions..

Électricité solaire (panneaux photovoltaïques)

Les subventions varient selon qu'il s'agit d'une installation raccordée au réseau ou en site isolé.

Pour les installations raccordées au réseau, les subventions ne sont accordées que dans le cadre d'un programme européen : programme HEPSUL, géré par l'association du même nom, ou au programme HIPIP, géré par l'ADEME (se renseigner auprès de ces organismes).

En site isolé, les montages financiers font intervenir plusieurs partenaires (ADEME, Région, FACE) et le montant des aides varie d'une région à l'autre.

Chauffage au bois

Les subventions ne concernent que les installations de chauffage central. Elles sont accordées par l'ADEME et/ou la Région. Selon les régions, elles concernent tous les types de chaudière à bois ou seulement les chaudières automatiques à plaquettes ou à granulés.

Adresses utiles

Fournisseurs de matériaux

On trouve, dans le commerce courant, quelques matériaux utilisables en construction écologiques, comme les briques monomur, des panneaux de plâtre et cellulose, des isolants végétaux. Mais, pour de nombreux matériaux, il faut s'adresser au commerce spécialisé.
La liste ci-après, classée par région, ne prétend pas être exhaustive.

01 - Région parisienne

AMBIANCE NATURELLE
14, rue Liancourt, 75014 PARIS
Tél. 01 43 21 23 21 - Fax 01 43 21 05 03

BIEN-ÊTRE MATÉRIAUX
47, av. Reille, 75014 PARIS
Tél. 01 45 81 08 80 - Fax 01 45 81 11 41

HABITER NATUREL
22, bis av. Jules-Ferry, 92240 MALAKOFF
Tél. 01 46 56 93 18 - Fax 01 46 56 29 81

02 - Région Nord-Ouest

ÂME SERVICES
La Pichardière, 53960 BONCHAMP-LES-LAVALS
Tél. 02 43 90 91 00 - Fax 02 43 90 91 00

COMPTOIR DU BIO HABITAT
La Lande de Musson, 35600 LANGON
Tél. 02 99 08 64 11 - Fax 02 99 08 64 17

COMPTOIR DU BIO HABITAT
8 rue de Saverne, 44000 NANTES
Tél. 02 40 47 03 46

ÉCO DIFFUSION
43, bd de la Liberté, 35000 RENNES
Tél. 02 23 44 05 50 - Fax 02 23 44 05 52

ÉCO SYSTÈMES
Le Pavillon, 35131 PONT-PÉAN
Tél. 02 99 52 82 87 - Fax 02 99 05 79 67

HABITAT SAIN
Le Pavillon
35131 PONT-PÉAN
Tél. 02 99 52 82 87 - Fax 02 99 05 79 67

LE RELAIS
Hameau du Karouge
27290 ILLEVILLE-SUR-MONTFORT
Tél. 02 32 41 01 50

03 - Région Nord-Est

CLAIR'ESPACE
4, rue des Bonnes-Gens, 67000 STRASBOURG
Tél. 03 88 75 11 85 - Fax 03 88 22 32 82

ECOFA
10 A, rue du Bernstein, 67650 DAMBACH-LA-VILLE
Tél. 03 88 92 49 92 - Fax 03 88 92 48 94

ÉTS GÉRARD PIGNIER
72, quai des Bateliers, 60400 PONT-L'ÉVÊQUE
Tél. 03 44 44 27 43 - Fax 03 44 44 35 04

HECTOR
22 A, rue Claire-Oster, 57200 SARRE-GUEMINES
Tél. 03 87 95 33 20 - Fax 03 87 95 18 55
NATURE HOME - BURETTE Michel,
Rue du Château, 62500 BOISDINGHEM
Tél. 03 21 39 79 07 - Fax 03 21 39 00 39
nature.home@wanadoo.fr
www.naturehome.fr

04 - Région Sud-Est

AT DIFFUSION
21, av. Pasteur, 42152 L'HORME
Tél. 04 77 31 35 21 - Fax 04 77 31 20 43

BATI-BIO - PROST Jean-Luc
Salles, 01160 SAINT-MARTIN-DU-MONT
Tél. 04 74 35 51 91 - Fax 04 74 35 51 91

BIO CONSTRUIRE EUROPE
69, avenue de la Libération, 63000 CLERMONT-FERRAND
Tél. 04 73 97 91 07 - Fax 04 73 97 93 38

BIO DECORS - ROULLOT Jean-Luc
Nationale 96, 04700 LA BRILLANNE
Tél. 04 92 78 75 88 - Fax 04 92 78 76 85
Bio.decors@wanadoo.fr

BIO LOGIS
Le Bourg, 43210 VALPRIVAS
Tél. 04 71 66 99 32 - Fax 04 71 66 73 03

BIODÉCOR
Faillargues, 63940 MARSAC-EN-LIVRADOIS
Tél. 04 73 95 67 91 - Fax 04 73 95 67 91

BOIS DE FRANCE - Éts Denys
30360 MARTIGNARGUES
Tél. 04 66 83 58 65 - Fax 04 66 83 68 59

ÉCOMAISON
24, rue des Études, 11300 LIMOUX
Tél. 04 68 31 92 50 - Fax 04 68 31 92 51

JURANDES
51, rue des Couteliers, 03000 MOULINS
Tél. 04 70 46 41 54

LA MAISON DE L'ÉCOLOGIE
ZA La Bouboutière, 38960 SAINT-AUPRE
Tél. 04 76 06 09 99 - Fax 04 76 55 35 38

LA MAISON ECOLOGIQUE
Le mas du Colombier, 83690 VILLE-CROZE
Tél. 04 94 67 51 87

MONDÉCOR
62, av. d'Embrun, 05000 GAP
Tél. 04 92 51 48 15 - Fax 04 92 53 47 57

NATURE ET HABITAT
BP 4054, 30001 NÎMES Cedex 5
Tél. 04 66 64 22 74 - Fax 04 66 23 98 77
ankh@nature-et-habitat.com
www.nature-et-habitat.com

PROVENCE ECO-LOGIS
Saint-Charles, 83340 FLASSANS-SUR-ISSOLE
Tél. 04 94 59 62 65 - Fax 04 93 24 18 12

SAINBIOSE
68, port Rambaud, 69002 LYON
Tél. 04 78 37 16 03 - Fax 04 78 37 25 20

SUD COLOR
33 bis, av. des Cévennes, 34570 SAINT-PAUL-ET-VALMALLE
Tél. 04 67 55 58 29 - Fax 04 67 55 58 22

05 - Région Sud-Ouest

ARBOGA
16, ch. Fillet, 33750 CAMARSAC
Tél. 05 56 30 15 98 - Fax 05 56 30 10 73

BOUTIQUE DE LA NATURE
9, rue de la Sabaterie, 81100 CASTRES
Tél. 05 63 72 08 02 - Fax 05 63 72 08 02

DÉCO BÂTI BOIS - PRÉAULT Gérard
La Touche Guéry, 79440 COURLAY
Tél. 05 49 72 32 31 - Fax 05 49 72 36 80

DOMUS CONSTRUCTION VIVANTE
BP 50, 09120 VARILHES
Tél. 05 61 67 73 45 - Fax 05 61 60 86 66

ÉCO HABITAT - PUJOL Michel
Sainte-Catherine, route de Périgueux, 16410 GARAT
Tél. 05 45 24 88 35

ÉCO-MAT
23, av. du Général-Leclerc, 87000 LIMOGES
Tél. 05 55 79 56 11 - Fax 05 55 79 84 63

ESA-CONSEIL
Quartier Larincq, 64360 MONEIN
Tél. 05 59 04 27 25

MAGELLAN SARL
Zone artisanale Les Landes, 24290 LA CHAPELLE-AUBAREIL
Tél. 05 53 51 22 25 - Fax 05 53 51 22 54

Belgique

ÉCOBÂTI
ZI d'Alleur, 18 b, rue du Parc, B-4432 ALLEUR
Tél. 00 32 42 46 32 49 - Fax 00 32 42 47 06 07

FARBECO
Rue Émile-Henricot, 21
B-1490 COURT-SAINT-ÉTIENNE
Tél. 00 32 10 61 50 66 - Fax 00 32 10 61 54 98

L'AURORE BORÉALE
1, rue de l'Ouvrage, B- 5000 NAMUR
Tél. 00 32 81 22 65 61 - Fax 00 32 81 22 65 61

LOGIC NATURE
15, Grand-Place, B-7500 SAINT-MAUR
Tél. 00 32 69 84 45 45 - Fax 00 32 69 84 45 45

NATURELLEMENT
Rue Masui, 6, B-1000 BRUXELLES
Tél. 00 32 22 03 45 07 - Fax 00 32 22 03 42 06

Suisse

HAGA Naturbaustoffe
CH - 5102 RUPPERSWILL
Tél. 00 41 62 897 41 41

Sources d'informations

Organismes officiels

ADEME (Agence de l'environnement et de la maîtrise de l'énergie)
27, rue Louis-Vicat, 75015 PARIS
Tél. 01 47 65 20 00 - Fax 01 46 45 52 36
www.ademe.fr
Énergie, déchets, environnement

ANAH (Agence nationale pour l'amélioration de l'habitat)
17, rue de la Paix, 75002 PARIS
Tél. 01 44 77 39 39 - Fax 01 49 27 07 30
Aides et informations

ANIL (Agence nationale pour l'information sur le logement)
2, bd Saint-Martin, 75010 PARIS
Tél. 01 42 02 05 50
Informations, agences départementales

CAUE (Conseils d'architecture, urbanisme et environnement)
20/22, rue du Commandeur, 75014 PARIS
Tél. 01 43 22 07 82 - Fax 01 43 21 42 89
Architectes-conseils dans chaque département

CNDB (Comité national pour le développement du bois)
6, av. de Saint-Mandé, 75012 PARIS
Tél. 01 53 17 19 60 - Fax 01 43 41 11 88
Conseil en prescription pour une utilisation performante du bois

CSTB (Centre scientifique et technique du bâtiment)
84, av. J.-Jaurès, BP2, 77421 MARNE-LA-VALLÉE Cedex 2
Tél. 01 64 68 82 82 - Fax 01 64 68 83 45
Documents techniques professionnels, Normes

CTBA (Centre technique bois et ameublement)
10, av. de Saint-Mandé, 75012 PARIS
Tél. 01 40 19 49 19 - Fax 01 43 40 85 65
Documents techniques professionnels Normes

ITEBE (Institut technique européen du bois énergie)
28, bd Gambetta, 39000 LONS-LE-SAULNIER
Tél. 03 84 47 81 00 - Fax 03 84 47 81 19

L'OBSERVATOIRE DE LA QUALITÉ DE L'AIR INTÉRIEUR
4, av. du recteur Poincaré, 75782 PARIS Cedex 16
Tél. 01 46 47 79 62 - Fax 01 46 47 79 69

MINISTÈRE DE L'ENVIRONNEMENT
20, av. de Ségur, 75302 PARIS 07 SP
Tél. 01 42 19 20 21

RARE (Réseau des agences régionales de l'énergie et de l'environnement)
50, rue Gustave-Delory, 59800 LILLE
Tél. 03 20 88 64 30 - Fax 03 20 88 64 40
www.rare.asso.fr

Associations

ALSACE QUALITÉ ENVIRONNEMENT
19, rue Tiergarten, 67000
STRASBOURG
Tél.- Fax 03 88 37 12 95

ARCANNE (Association de professionnels pour le développement des alternatives en construction écologique)
rue de la Fontenotte, 39330 PAGNOZ
arcanne.ass@wanadoo.fr

ARCHINOV
12, bd Magenta, 75010 PARIS
Tél. 01 42 79 07 66 - Fax 01 42 79 07 64

ASSOCIATION HQE (Association pour la haute qualité environnementale des bâtiments)
3, villa d'Orléans, 75014 PARIS
Tél. 01 40 47 02 82 - Fax 01 40 47 04 88

ASSOCIATION CONSTRUIRE EN CHANVRE
Nathalie Prost - Chanay de la Passe, 18260 JARS
Fax 03 86 88 92 50
construire.chanvre@wanadoo.fr

ASSOCIATION SUISSE D'ÉCOBIOLOGIE
Case postale 2161, Ch - 1227
CAROUGE
Tél. 00 41 22 343 36 00 - Fax 00 41 22 343 36 26

BÂTIR SAIN
23, rue de Lutèce, 92160 ANTONY
Tél. 01 40 96 10 82
email : batir.sain@vrumail.com
www.batirsain.ifrance;com

BOIS SACRÉ
La Nouaille, 19160 LAMAZIÈRE-BASSE
Tél. 05 55 95 88 31 - Fax 05 55 95 82 91

CLER (Comité de liaison des énergies renouvelables)
2bis, rue Jules-Ferry, 93000
MONTREUIL
Tél. 01 55 86 80 00 - Fax 01 55 86 80 01
www.cler.org -email : infos@cler.org

CRATERRE/EAG
Maison Levrat, BP53, 38092
VILLEFONTAINE
Tél. 04 74 95 43 91 - Fax 04 74 95 64 21

ÉCOBÂTIR
La Fermerie, 23340 FAUX-LA-MONTAGNE.
(Contact : P.Ar Goarnig, 29520 Saint-Goazec. Tél. 02 98 2683 54/02 98 26 81 88. M. Jamin, La Tuilerie romaine, 31570 Saint-Pierre -de-Lages.
Tél. 05 61 83 15 56/05 62 18 91 39.)

GEFOSAT (Groupement d'étude et de formation sur les outils solaires et les alternatives technologiques)
22, bd Foch, 34140 MÈZE
Tél. 04 67 18 77 02 - Fax 04 67 43 01 24

KERYAC'H (Fédération pour des lieux de vie saine en Bretagne)
Kergaovenec, 29520 SAINT-GOAZEC-BRETAGNE
Tél. 02 98 26 83 54 - Fax 02 98 26 86 45
Internet :

http://www.bretagnenet.com/keryac'h
email : kryach@caramail.com

ICEB (Institut de conseillers environnement pour le bâtiment)
26, rue Matabiau, 31000 TOULOUSE
Tél. 05 62 73 76 62 - Fax 05 62 73 03 50

LE GABION
3, imp. des Gentianes, 05200 EMBRUN
Tél. 04 92 43 19 19 - Fax 04 92 43 19 19

MAISONS PAYSANNES DE FRANCE
8, passage des Deux Sœurs, 75010 PARIS
Tél. 01 44 83 63 63 - Fax 01 44 83 63 69

OBSERV'ER (Observatoire des énergies renouvelables)
146, rue de l'Université, 75007 PARIS
Tél. 01 44 18 00 80 - Fax 01 44 18 00 36

PEGASE-PERIGORD (Cr3e)
Froidefon, 24450 SAINT-PIERRE-DE-FRUGIE
Tél. 05 53 52 59 50 - Fax 05 53 55 29 99

TERRE VIVANTE
Domaine de Raud, 38710 MENS
Tél. 04 76 34 80 80 - Fax 04 76 34 84 02
email : terrevivante@wanadoo.fr
Le Centre terre vivante à Mens est un lieu de démonstration pratique des concepts et des techniques de la construction écologique.
Outre les expositions permanentes sur La maison des [néga]watts, Le chauffage au bois, Les murs isolants, Les matériaux d'isolation, le Centre organise des journées à thème animées par plusieurs professionnels. Se renseigner à terre vivante.

DIVERS

AFAQ-ACERT
BP 83, 92225 BAGNEUX Cedex
Tél. 01 46 15 70 60

QUALIBAT
55, avenue Kléber, 75784 PARIS Cedex 16
Tél. 01 47 04 26 01 - Fax 01 47 04 52 83

Bibliographie

Livres

L'Habitat écologique, quels matériaux choisir,
Frederich Kur, Terre vivante, Mens, 1999.

L'Isolation écologique,
Jean-Pierre Oliva, Terre vivante, Mens, 2001.

La Maison des [néga]watts, le guide malin de l'énergie chez soi,
Thierry Salomon, Terre vivante, Mens, 1999.

Éco-logis, la maison à vivre,
Thomas Schmitz-Günther, Könemann, Paris, 1999.

Maisons bio,
Julien Fouin, Flammarion, Paris, 2000.

Vivre au naturel, la maison écologique,
David Pearson, Flammarion, Paris, 1992.

Guide de l'architecture bioclimatique,
Comité d'action pour le solaire, hors-série de la revue *Systèmes Solaires,* 1996.

Une maison saine et naturelle,
Dan Phillips, Dessain et Tolra, Paris, 2001.

L'Architecture écologique,
Dominique Gauzin-Müller, Le Moniteur, Paris, 2001.

Habitat, Qualité, Santé, clefs en main, Le guide de l'habitat sain,
Docteurs Suzanne et Pierre Deoux, Médiéco, Andorre, 1997.

Poêles, inserts et autres chauffages au bois,
Claude Aubert et l'Ageden, Terre vivante, Mens, 1999.

Revues

La Maison écologique
BP 60, 14504 Vire Cedex. Tél. - Fax 02 31 66 96 49.
Revue bimestrielle d'information sur l'habitat écologique.

Les Quatre Saisons du jardinage
Domaine de Raud, 38710 Mens. Tél. 04 76 34 80 80 - Fax 04 76 37 84 02.
Revue de jardinage et d'écologie pratique consacrant dans chaque numéro des articles à l'habitat. Publiée par Terre vivante.

Systèmes solaires
144, rue de l'Université, 75007 Paris. Tél. 01 44 18 00 80 - Fax 01 44 18 00 36.
Revue consacrée aux énergies renouvelables, et en particulier à l'énergie solaire appliquée à l'habitat.

Achevé d'imprimer par Dumas-Titoulet Imprimeurs
14, rue du Plateau des Glières – 42004 Saint-Etienne Cedex 1
Dépôt légal : janvier 2002 – N° d'imprimeur : 36948

Imprimé en France